QUESTIONS CONTROVERSÉES

SUR

LA LOI DES 2-31 MAI 1854

ABOLITIVE DE LA MORT CIVILE.

QUESTIONS CONTROVERSÉES

SUR LA

LOI DES 2-31 MAI 1854

ABOLITIVE DE LA MORT CIVILE,

groupées sous chaque article de cette loi,

SUIVIES

D'ÉTUDES SUR LE SENS DE LA RÈGLE :

LE JUGE DE L'ACTION EST LE JUGE DE L'EXCEPTION

ET D'UNE

RÉPONSE A UNE DISSERTATION

DE Me FAUSTIN-HÉLIE SUR L'APPLICATION DE CETTE RÈGLE
EN MATIÈRE CRIMINELLE,

PAR

A. BERTAULD,

Professeur à la Faculté de Droit, ancien bâtonnier de l'ordre
des avocats à la Cour impériale de Caen.

—————⟶ ⟜⟞⟝⟜ ————

CAEN

LEGOST-CLÉRISSE, ÉDITEUR

RUE ÉCUYÈRE, 36

1857

AVANT-PROPOS.

Le Droit pénal, dans nos Facultés, n'a pas d'interprète spécial ; il n'a pas paru digne d'une chaire ; son enseignement, tenu pour secondaire, est l'accessoire d'un autre enseignement, de l'enseignement de la procédure civile. A Paris et à Toulouse seulement, le Droit pénal est l'objet d'un enseignement principal et indépendant. Si quelquefois, dans les autres Facultés, il est séparé de l'enseignement auquel l'attachent les lois de notre organisation universitaire, c'est que le professeur titulaire de la chaire de procédure civile s'est déchargé d'une partie de sa tâche sur un professeur suppléant ou sur un agrégé, appelé ainsi temporairement, et en quelque sorte par accident, à s'occuper d'une étude à laquelle on ne saurait lui demander de se vouer tout entier, puisque, suivant toute vraisemblance, ce n'est pas d'elle que dépendra, et ce n'est pas à elle que sera lié son avenir.

Pourquoi en France, et en France seulement, ce dédain du Droit pénal ?

1

Comment ! une législation morte, qui n'a plus d'intérêt qu'à titre d'origine historique et de type de déduction logique, puisque tous ses éléments utilisables, tous ses principes en rapport avec les besoins de notre civilisation, se sont fondus dans le Droit de l'Europe, compte, dans chaque Faculté, deux, quelquefois trois chaires ! et une loi vivante, la moins traditionnelle de toutes les lois, bien qu'elle ne doive pas être séparée de ses précédents, la loi qui sanctionne toutes les prescriptions d'utilité publique, la loi qui sauvegarde toute société et en est comme la dernière raison, est sur le second plan et n'est guère, pour celui qui l'expose, qu'une distraction après les aridités de la procédure civile !!! —Est-ce que les membres du parquet, les juges correctionnels, les présidents, les assesseurs de Cours d'assises, les avocats n'ont pas besoin de préparation et de secours pour s'initier à la science si vaste et si compliquée du Droit criminel ? Est-ce que certaines parties du Droit administratif et du Droit civil peuvent être bien comprises sans une étude approfondie du Droit pénal ? Est-ce que Montesquieu se serait trompé quand il a dit : *Que le Droit pénal est la chose du monde qu'il importe le plus aux hommes de savoir* (livre VI, chap. 2) ?

Privé presque partout de l'excitation d'un enseignement oral développé, le Droit pénal n'est pas, pour cela, tombé en France dans un état de léthargie. Grâce aux travaux de Rossi, de Mangin, de Boitard, de Rauter, de Le Sellyer, de M. Faustin-Hélie, de M. Chauveau, de M. Molinier, de M. Rodière, de M. Achille Morin, de M. Ortolan, etc., il a encore de l'animation et de la vie.

Il ne me semble pas, comme à un de mes savants collègues, que le Droit pénal soit l'objet de trop de livres. Je tiens, en effet, que ces livres ont tous de la valeur et sont fort estimables. Y en eût-il parmi eux de médiocres, je considérerais encore qu'ils servent et serviront au progrès de la science.

Je ne crois donc pas qu'il faille dire, avec M. Ortolan : « Le Droit pénal a un grand désavantage, « c'est de prêter à la phrase. Dieu sait si on on en a « usé ! Il en a un second, c'est d'être au nombre des « connaissances infuses que chacun prétend possé- « der, dont chacun agite les plus hauts problèmes, « sans étude : d'où les disparates, le décousu, les « contradictions, les non-sens. » (*Éléments de Droit pénal*, Épilogue, verso de la page 901.)

M. Ortolan ne rend peut-être pas assez de justice aux travaux autres que les siens. Si riche qu'il soit de son propre fonds, et il l'est incontestablement, ne s'est-il pas assimilé beaucoup d'idées empruntées aux ouvrages contemporains de ses compatriotes ? Peut-être ne s'est-il pas rendu compte du profit qu'il a tiré des systèmes qu'il avait compétence pour juger et qu'il a jugés. S'il s'était astreint à noter et à citer les auteurs auxquels appartiennent les opinions qu'il combat ou qu'il adopte, il eût témoigné plus de bienveillance d'appréciation pour des livres dans lesquels il a puisé plus d'une inspiration, dont il a pu oublier l'origine.

Quelle que soit l'autorité de M. Ortolan, le jugement, plus que sévère, qu'il porte sur l'ensemble de notre littérature juridique, en matière pénale, ne doit être pour personne une cause de découragement.

M. Ortolan dit, dans l'Épilogue déjà cité, du Droit pénal dont il est, à coup sûr, l'un des meilleures interprètes : « J'ai voulu en coordonner les éléments et « en construire l'ensemble à la méthode scienti« fique. »

La construction d'un édifice important n'appelle-t-elle pas le concours d'un grand nombre d'ouvriers ? Des aptitudes très-diverses ne peuvent-elles pas y trouver de l'emploi ? N'est-il pas de la nature des édifices scientifiques de n'être jamais ni complètement à faire, ni complètement faits ? On les modifie tantôt dans les détails, tantôt dans les grandes lignes de leur plan ; on les agrandit quelquefois. Plus il y a de mains à l'œuvre, plus il y a de chance qu'aucuns matériaux ne seront négligés.

Aujourd'hui, c'est un travail de détail que j'entreprends. Si je ne m'abuse, ce travail est une preuve que les lois pénales offrent assez de difficultés pour exciter plus d'un effort et provoquer l'application de plus d'une intelligence. Constater et résumer des controverses, c'est au moins signaler une tâche et peut-être en faciliter l'accomplissement.

Préparée par d'excellents travaux, discutée avec le plus grand soin au sein du Corps législatif, la loi qui abolit la mort civile est déjà l'objet des interprétations les plus contradictoires. — Ce sont ces interprétations que j'ai groupées sous chaque article et que j'ai essayé d'apprécier.

On nous a quelquefois fait l'honneur de nous demander, et la question venait de voix amies, pourquoi nous nous attachions à des publications de fragments, de dissertations spéciales et de courtes monographies.

Il y a de nos préférences bien des raisons, et nous ne sommes pas absolument astreint à les déduire toutes.

Les traités généraux sont obligés à tout dire, ce qui implique qu'ils sont, sous le rapport du fonds, sauf à rajeunir la forme, condamnés à beaucoup de redites. Un ouvrage général doit reproduire sur un sujet tout ce qu'il y a d'exact et de bon dans les ouvrages antérieurs, généraux ou spéciaux.

Dans l'état actuel de la science et avec l'encombrement des livres, un ouvrage général ne devrait être entrepris que par ceux auxquels l'opinion décerne le titre de maîtres; j'aime les œuvres de longue haleine quand elles sont signées, pour ne prendre mes exemples que dans le droit civil, des noms de M. Demolombe, de M. Troplong et de M. Demante.

Loin de me plaindre du grand nombre des publications, j'y applaudis, parce qu'en somme il en est peu qui n'ajoutent à ce qui a déjà été écrit; cependant je suis profondément convaincu que si certains légistes renonçaient aux gros volumes et consacraient quelques pages à des travaux de redressement, à l'exposition d'idées nouvelles, ils rendraient plus de services aux jurisconsultes. Je m'accuse, si c'est un tort, de préférer une dissertation de M. Valette, de M. Benech, de M. Molinier, de M. Coin-Delisle, de M. Tessier, de M. Pont, de M. Mourlon, même une note substantielle de M. Devilleneuve ou de ses collaborateurs, à des traités, à des commentaires qui l'emportent par le volume, mais qui m'apprennent beaucoup moins.

Le traité général s'adresse à tous ; la monographie dont l'objet, je ne dis pas le résultat, est de rectifier des erreurs, de combler des lacunes, s'adresse à ceux qui savent et ne sont pas jaloux de lire ce qu'ils ont déjà lu trop de fois

Il est vrai qu'on objecte que les brochures ont rarement les honneurs de la bibliothèque, ne sont que par exception remarquées, et, dans tous les cas, sont promptement oubliées.

L'objection, très-exacte en fait, n'a pas de gravité.

Si les idées que défend la brochure ont de la justesse et de la vérité, elles seront recueillies, utilisées par les vulgarisateurs qui citent peu, je l'avoue, les sources où ils puisent, parce qu'il dédaignent ces détails de provenance, et laissent le soin de les découvrir aux rédacteurs de nos grands recueils de jurisprudence, qui s'en acquittent très-consciencieusement. Les vulgarisateurs considèrent qu'ils font assez d'honneur à l'idée qu'ils s'approprient, en consentant à lui prêter l'autorité de leur nom, et en la couvrant de leur paternité fictive. Ne sont-ils pas, d'ailleurs, les vrais auteurs d'un système, lorsque, sous leur plume abondante, il a pris une surprenante ampleur, lorsque la dissertation succincte est, dans leurs mains, presque devenue un livre.

Enfin, les idées justes ont tôt ou tard la chance d'être, je ne dis plus *amplifiées*, mais fécondées par de grands jurisconsultes qui leur donnent comme des lettres de crédit en les introduisant dans des ouvrages qui sont des monuments scientifiques, et souvent ces écrivains, justement parce qu'ils sont originaux et créateurs, indiquent, sous l'empire d'une pensée de justice, qui n'est pas pénible à leur supériorité, qu'ils n'ont pas l'initiative pour quelques arguments, quelques aperçus, quelques théories. Sans doute tous les maîtres ne suivent pas, sous ce rapport, l'excellent exemple de M. Demolombe. Mais qu'importe? Ce qui est digne d'effort, c'est la vérité; elle doit être, non un moyen mais un but; ce but, je m'estimerais heureux si, sur quelques points ardus, je l'atteignais, ou seulement si j'aidais d'autres jurisconsultes à l'atteindre.

LOI DES 2-31 MAI 1854.

Art. 1ᵉʳ. — « La mort civile est abolie. »

Art. 5. — « Les effets de la mort civile ces-
« sent, pour l'avenir, à l'égard des condamnés
« actuellement morts civilement, sauf les droits
« aux tiers. »

1. *La mort civile attachée par des lois étrangères aux
condamnations prononcées à l'étranger, contre un
étranger, avait-elle avant la loi des 2-31 mai 1854
effet en France ?*

2. *En admettant sur cette question une solution affirmative, cette solution devrait-elle être maintenue
depuis la loi qui abolit en France la mort civile ?*

1. Sur la première question, M. Félix, dans son
Traité du Droit international, nᵒ 604, conclut du principe qu'aucun état n'autorise l'exécution sur son terri-
toire des jugements rendus, en matière criminelle, par

les tribunaux étrangers, contre la personne ou les biens d'un individu. que les incapacités résultant des condamnations prononcées par des juridictions étrangères, n'ont pas de conséquences en France. Cette opinion est celle de M. Merlin, *Rép.*, v° *Suc.*, sect. 1re, § 2, art. 2 ; de Toullier, t. 4, n° 102 ; de M. Valette, *Sur Proudhon*, t. 1er, p. 136, note 2 ; de M. Demolombe, t. 1er, p. 198; de M. Hanin, *Des Conséquences des condamnations pénales.* n° 273 ; de Zachariæ et de MM. Aubry et Rau, *Sur cet auteur*, 3e édition, t. 1er, p. 87.

Boullenois professait l'opinion contraire ; M. Demante, *Cours analytique de Code civil*, t. 1er, p. 107, avant la loi des 2-31 mai 1854, et M. Demangeat, depuis cette loi, dans ses *Annotations sur Félix* se sont ralliés à l'avis de Boullenois (*sur Félix*, t. 2, p. 313).

« Du moment qu'on admet, dit très-bien M. De-
« mangeat, que le statut personnel régit l'état et la
« capacité des personnes ; il n'y a point à distinguer
« pour quel motif l'état ou la capacité est affecté ;
« il n'y a point à distinguer non plus s'il a été affecté
« immédiatement en vertu d'une disposition géné-
« rale de la loi, ou seulement à la suite d'une décla-
« ration judiciaire. Il y a seulement à voir si le juge-
« ment est régulier, d'après la loi des juges qui l'ont
« rendu. »

Cette solution serait incontestablement celle que j'eusse adoptée avant la loi abolitive de la mort civile, au moins pour les condamnés appartenant à la nation, au nom de laquelle la condamnation emportant la mort civile aurait été prononcée.

Vainement objecterait-on que les condamnations pénales rendues à l'étranger ne s'exécutent pas en France ; il ne s'agit pas d'une peine, mais, ce qui est autre chose, d'une incapacité attachée à une peine. Les tribunaux français n'avaient pas à se faire les instruments d'une répression appliquée au nom d'une souveraineté dont ils ne relèvent pas; ils avaient seulement à tenir compte du statut personnel de l'agent étranger.

La mort civile n'aurait pu résulter de jugements rendus par des juridictions étrangères contre les Français, puisque, si on écarte toute idée d'exécution, sur notre sol, de la pénalité étrangère, il ne reste plus que le principe, que la capacité de nos nationaux est exclusivement régie par la loi française.

Il en eût été ainsi, à notre sens, alors même que la condamnation aurait été prononcée à l'étranger, contre un Français pour un crime punissable en France, dans les termes de l'art. 7 du Code d'inst. crim., si ce crime n'eût pas été jugé dans le pays où il avait été commis.

N'est-il pas certain que, dans le cas de l'art. 7, le français, condamné par la juridiction étrangère, n'a pas à craindre, s'il se dérobe à la peine, que la souveraineté française intervienne pour assurer l'exécution de la condamnation, qui l'a privée cependant de l'exercice du droit de répression? Or, la mort civile, en tant que peine, est l'œuvre d'une souveraineté étrangère, et la question d'état du Français est soumise à sa loi nationale.

Un criminaliste distingué, M. Molinier, a formulé, avant la loi des 2-31 mai 1854, ces deux questions dont, conformément au plan de son livre, il ne donne pas la solution (*Programme du Cours de Droit criminel*, 2ᵉ part., p. 41.

2. *La loi des 2-31 mai 1854 autorise-t-elle encore à maintenir, en France, la mort civile comme conséquence des jugements rendus au nom d'une nation étrangère, au moins en tant que les condamnés appartiennent à cette nation ?*

L'art. 5 de cette loi ne se borne pas à déclarer que les condamnations à des peines perpétuelles n'emporteront plus la mort civile ; il relève de la mort civile ceux qui l'avaient encourue, comme conséquence de l'exécution de condamnations antérieures, sauf les droits acquis aux tiers.

De cette rétroactivité sur les condamnations antérieures, en ce qui concerne la capacité du condamné, ne faut-il pas conclure que la fiction de la mort civile est proscrite, comme contraire à l'ordre public, comme incompatible avec nos mœurs et notre état de civilisation, et ne doit-on pas dire qu'une incapacité que la loi nouvelle ne respecte pas lorsqu'elle était attachée à des condamnations, prononcées en vertu de lois qui ont été les nôtres, ne saurait être respectée, quand elle n'est que la conséquence de condamnations prononcées à l'étranger ?

Les étrangers ne sont pas en France sous le coup de

celles des incapacités qui ne sont pas admises par la loi française.

M. Demangeat ne dit pas tout-à-fait cela ; mais il exprime des idées bien voisines, puisqu'en professant sous l'empire de la loi des 2-31 mai 1854, que la mort civile, suite d'un jugement rendu par un tribunal étranger, accompagne le condamné partout où il se transporte, il ajoute : « il est bien entendu, que nos « tribunaux sont toujours investis d'un pouvoir dis- « crétionnaire, à l'effet de s'arrêter dans l'application « de cette doctrine, si elle arrivait à contrarier l'ordre « public. »

M. Demangeat reproduit les mêmes idées, *Revue pratique*, 1856, t. 1ᵉʳ, p. 53.

« Il y a plus de difficulté quand un jugement inflige « à une personne un certain état à titre de peine, « ainsi l'état de dégradation civique ou de mort civile : « ici l'opinion générale paraît être que les autorités « étrangères ne devraient point tenir compte d'un « pareil état. Mais cette opinion nous à toujours paru « purement arbitraire, et même dans les cas dont il « s'agit, nous appliquerions le principe général que le « législateur a posé sans distinction dans l'art 3. Bien « entendu, nous supposons toujours : 1° qu'il y a eu « un véritable jugement régulièrement rendu ; 2° que « l'état qui résulte du jugement n'a rien de contraire « à *l'ordre public*, tel qu'il est compris dans le pays « étranger où la question se présente. »

La solution de M. Demangeat, n'est-elle pas repro- chable en ce qu'elle place sur la même ligne la dégra-

dation civique et la mort civile? La dégradation civique
n'est pas réputée contraire à nos mœurs, puisqu'elle
est dans nos lois, et il ne peut y avoir, en effet, que
celles des conséquence que la loi étrangère attacherait
à cette peine, qui seraient incompatibles avec notre
état de société, dont on devrait empêcher l'exécution
en France ; la mort civile. elle, est frappée d'une ré-
probation absolue.

Art. 2. — « Les condamnations à des peines
« afflictives perpétuelles emportent la dégradation
« civique et l'interdiction légale établies par les
« art. 28, 29 et 31 du Code pénal. »

*Le condamné par contumace à une peine afflictive
perpétuelle est-il, tant que cette peine n'est pas
prescrite, dans les liens de l'interdiction légale ?*

Non, incontestablement, si on ne consulte que l'exposé des motifs de la loi du 31 mai 1854 :

« L'état d'interdiction légale constitué par les ar-
« ticles 29 et 31 du Code pénal, dont le projet
« s'approprie les dispositions, frappe les biens et la
« personne du condamné *pendant la durée de la
« peine.* De ces expressions : pendant la durée de la
« peine, découlent plusieurs conséquences qu'il est
« utile de préciser. L'individu atteint par une con-
« damnation contradictoire d'une peine perpétuelle et

« qui n'obtiendra pas sa libération par la grâce, sera
« perpétuellement en état d'interdiction légale. Si la
« condamnation a été prononcée par contumace,
« comme le condamné n'expie pas sa peine et
« échappe, au contraire, à l'action de la loi, l'inter-
« diction légale ne reçoit pas son application (*Moni-*
« *teur* du 18 mars 1854, Supplément.). »

Mais cette opinion ne paraît pas avoir été celle de
M. Richer, dans son Rapport, au nom du Corps législatif : « Quant à l'interdiction légale, elle exclut le
« condamné de toute administration et de toute jouis-
« sance de ses biens, mais elle n'a rien d'irréparable ;
« elle se plie aux changements de la situation du
« condamné ; subordonnée à la durée de la peine,
« elle est levée par l'effet de la grâce ou de la pres-
« cription.

« *Elle établit, dans le régime des biens du contu-*
« *max, à quelque époque qu'il puisse se représenter,*
« *cette unité qui manque dans le système de la mort*
« *civile* (Rapport du 24 avril 1854).

M. Richer considère donc que l'interdiction légale
est applicable au contumax. La généralité des termes
de l'art. 2 de la loi des 2-31 mai 1854, ne donne-t-elle
pas raison à l'opinion de M. Richer ?

« Les condamnations à des peines afflictives per-
« pétuelles emportent la dégradation civique et l'in-
« terdiction légale établies par les art. 28, 29 et 31
« du Code pénal. »

Cet article ne distingue pas entre les condamnations contradictoires et les condamnations par contu-

mace à des peines perpétuelles. Cette absence de distinction est d'autant plus significative que l'art. **3**, qui crée une peine accessoire spéciale, l'incapacité de transmettre ou de recevoir par donation ou par testament, déclare que cette incapacité n'est applicable au condamné par contumace que cinq ans après l'exécution par effigie.

Toutefois, comme l'art. **2** se réfère aux art. **29** et **31** du Code pénal sur l'interdiction légale, la question se réduit à savoir si, sous le Code pénal, l'interdiction légale était attachée aux condamnations par contumace à des peines afflictives temporaires.

Sur cette question, en général, les auteurs professaient la négative. Cependant l'opinion contraire est professée par M. Demante (*Cours analytique*, t. **1**, p. 146 et 147, n° 72) :

« Je crois donc qu'il en est de l'interdiction légale
« comme de la dégradation civique, qui, aux termes
« de l'art. **28** du Code pénal, s'encourt du jour où
« la condamnation contradictoire devient irrévocable,
« ou, en cas de condamnation par contumace, du
« jour de l'exécution par effigie. Je remarque, seu-
« lement, qu'au cas de condamnation par contumace
« l'interdiction encourue ne donnera pas lieu à nomi-
« nation du tuteur (nonobstant, Code pénal, art. **29**) ;
« l'art. 471 du Code d'instruction criminelle **ayant**
« pourvu autrement à l'administration des biens con-
« sidérés alors comme biens d'absent. Ainsi expliqué
« l'art. **29** du Code pénal, aura pour effet d'étendre
« à tout condamné par contumace à une peine afflic-

« tive la privation des droits civils, qui n'est prononcée
« par l'art. 28 du Code civil, que pour le cas de
« condamnation à une peine emportant mort civile.
« Ainsi, les deux règles établies par cet article se
« trouveront généralisées pour tous les cas de con-
« damnation par contumace à une peine afflictive :
« l'une par l'art. 471 du Code d'instruction criminelle,
« l'autre par l'art. 29 du Code pénal. *Secùs* si la peine
« prononcée contre le contumax est seulement in-
« famante, car, s'il y a toujours séquestre et admi-
« nistration des biens comme biens d'absent, (Code
« d'instruction criminelle, art. 471,) il n'y a point
« alors d'interdiction légale. (V. Code pénal, art. 29.) »

Nous avons nous-mêmes adopté et développé cette opinion. (*Cours de Code pénal*, p. 274 et 275.)

L'opinion que M. Demante soutenait, avant la promulgation de la loi des 2-31 mai 1834, semblait trouver une confirmation dans cette loi. Cependant, dans une leçon postérieure, dont les notes ont été publiées depuis la mort de son père, par M. Gabriel Demante, cette opinion est rétractée. La *Revue critique* a publié ce travail plein d'intérêt, qui contient un désaveu très-explicite de la solution donnée par le Cours analytique. « Interdiction
« légale, conséquence des peines afflictives tempo-
« raires (Code pénal, art. 29), a pour but d'ôter au
« condamné les moyens d'adoucir sa position (Voyez
« Code pénal, art. 31), — commence et finit avec la
« peine (Code pénal, art. 29), laquelle est, en général,
« censée commencer du jour où la condamnation est

« devenue irrévocable (Voyez Code pénal art. **23**),
« —*mais ne peut résulter d'une condamnation par*
« *contumace, car jamais la peine ne peut être subie*
« *en vertu de cette condamnation. — Le séquestre*
« *suppléera à l'interdiction pour atteindre le but*
« *proposé. — Mais, à défaut d'interdiction, les actes*
« *du contumax seront valables et pourront s'exécuter*
« *sur les biens après la levée du séquestre.*

« La loi nouvelle abolit la mort civile (art. **1**), et
« lui substitue la dégradation civique et l'interdiction
« légale, telles qu'elles étaient établies à la suite des
« peines temporaires (art. **2**). — Appliquez ce qui
« vient d'être dit à ce sujet. » (*Revue critique*, 1857,
t. 1, p. 77.)

En interprétant la loi du 2-31 mai 1854, nous avons persisté à défendre, sur l'art. 2, le système que nous avions admis sur l'art. 29 du Code pénal. (*Leçons de législation criminelle*, p. 142.)

MM. Aubry et Rau, *Sur Zachariæ* (3ᵉ éd., t. 1, § 85, p. 318, à la note), se fondent sur l'exposé des motifs de la loi des 2-31 mai 1854, qu'ils citent, pour professer que l'interdiction légale n'est pas attachée aux condamnations par contumace à des peines perpétuelles. Ils paraissent n'avoir pas remarqué l'expression de l'idée contraire dans le rapport de M. Richer. Quoi qu'il en soit, ils sont d'avis que la loi, comme ils l'interprétent, offre une regrettable lacune.

MM. Aubry et Rau font judicieusement observer que, sous l'empire de la législation antérieure, les condamnés par contumace à une peine emportant mort

civile étaient, aux termes de l'art. 28 du Code Nap.,
privés, pendant les cinq années de grâce, de l'exercice des droits civils, et se trouvaient ainsi, sous le
rapport de leur capacité juridique, dans une position
analogue à celle des interdits légalement. Cette analogie, suivant eux, devait engager le législateur à appliquer aux condamnations par contumace , aussi
bien qu'aux condamnations contradictoires, l'interdiction légale attachée aux peines perpétuelles. Ce n'est
pas que ces auteurs considèrent que les condamnations, par contumace , à des peines afflictives temporaires emportent l'interdiction légale. Mais ils
soutiennent que la différence est grande entre ces
dernières condamnations et les condamnations, par
contumace, à des peines afflictives perpétuelles.

« L'interdiction légale, disent-ils, suite d'une peine
« temporaire , étant elle-même temporaire et de
« même durée que la peine qui l'entraîne, il était
« rationnel de ne la faire courir que concurremment
« avec celle-ci, et de ne l'attacher, par conséquent,
« qu'aux condamnations contradictoires ; tandis que
« l'interdiction légale, suite d'une peine perpétuelle,
« devant se perpétuer pendant toute la vie du con-
« damné, il n'y avait aucun motif pour ne pas l'at-
« tacher également aux condamnations par contu-
« mace. »

A notre sens, la loi nouvelle ne mérite pas le reproche que lui adressent MM. Aubry et Rau. Elle
n'avait pas à introduire, à titre d'exception, pour les
peines perpétuelles, ce qui est le droit commun pour

les peines afflictives temporaires. L'art. 29 du Code pénal ne fait pas de distinction entre les condamnations contradictoires et les condamnations par contumace. Si l'art. 471 du Code d'instruction criminelle ne laisse pas à la famille du condamné l'administration d'une fortune dont elle eût pu faire un emploi contraire aux intérêts de la répression, s'il exclut l'organisation. de la tutelle ordinaire, s'il préfère la mesure du séquestre, il ne repousse pas, pour cela, l'interdiction légale, à laquelle seulement il donne une meilleure garantie.

Avec une autre interprétation, la loi des 2-31 mai 1854 conduirait, par l'application de son article 5, à une singulière conséquence. Les condamnés à des peines dont l'exécution avait entraîné la mort civile, recouvrent, aux termes de cet article 5, pour l'avenir, et sauf les droits acquis à des tiers, l'existence sociale; mais ils sont soumis à la dégradation civique, à l'interdiction légale, à l'incapacité de transmettre ou de recevoir par donation entre-vifs ou par testament; en un mot, au régime substitué à la mort civile. Eh bien ! quelle sera la position de l'agent condamné, par contumace. à une peine perpétuelle exécutée par effigie, que la loi nouvelle saisit, cinq ans après cette exécution, mais dont la peine n'est pas encore prescrite ? Ce condamné est-il ou n'est-il pas dans les liens de l'interdiction légale, en vertu de l'art. 2 de la loi abolitive de la mort civile?

N'est-il pas vrai que ce condamné n'a été relevé de la mort civile qu'à la condition d'être sous le coup de trois peines accessoires : la dégradation civique, l'interdiction légale et l'incapacité de l'art. 3?

Dans les excellents articles que la *Revue de Droit français et étranger* a publiés, M. Molinier, en traitant de la proposition d'abolir la mort civile, a exprimé l'idée que le contumax devait être privé de la faculté de réaliser les valeurs que représentaient ses biens, en les vendant ou en les affectant par des emprunts, mais qu'il devait rester investi de la capacité nécessaire pour tous actes étrangers à la disposition ou à l'administration des biens dont la possession lui était enlevée. « L'instruction, les talents, l'aptitude spéciale « pour l'exercice d'un art ou d'une industrie, dit le « savant auteur, sont des capitaux féconds que la loi « ne peut ni ne doit rendre stériles, et qui produisent « des fruits qu'il lui serait, d'ailleurs, difficile d'at-« teindre (1850, p. 503). » Favoriser, encourager le contumax dans l'exercice d'un art ou d'une industrie, ne serait-ce pas le favoriser et l'encourager dans sa rebellion à la loi? Pourquoi lui donner le moyen de se dérober au débat contradictoire et au châtiment, lui laisser la faculté de faire des contrats autres que ceux qui s'exécutent au moment même où ils interviennent? Lui permettre de s'obliger dans quelque mesure que ce soit, c'est lui créer un crédit dont il usera pour prolonger une situation contraire au vœu de la loi.

Art. 3. — « Le condamné à une peine afflic-
« tive perpétuelle ne peut disposer de ses biens,
« en tout ou en partie, soit par donation entre-
« vifs, soit par testament, ni recevoir à ce titre,
« si ce n'est pour cause d'aliments.

« Tout testament par lui fait antérieurement à
« sa condamnation contradictoire, devenue défini-
« tive, est *nul.*

« Le présent article n'est applicable au con-
« damné, par contumace, que cinq ans après
« l'exécution par effigie. »

1. *Les incapacités ajoutées par l'art. 3 de la loi
des 2-31 mai 1854 à la dégradation civique et à
l'interdiction légale, comme peines accessoires des
peines perpétuelles, doivent-elles être approuvées ?*

Cette question est controversée : M. Humbert, *Conséquence des condamnations pénales,* p. 496, 497,
498, 499, a reproduit les objections dont MM. Le-
grand et Rigaud s'étaient fait les organes au Corps
législatif. Pourquoi frapper le condamné de l'incapacité de recevoir en vertu de donations et de testament, quand on lui laisse la capacité de recueillir
des successions *ab intestat ?* L'interdiction légale ne
suffirait-elle pas pour l'empêcher d'abuser des biens
donnés ou légués ? L'incapacité de recevoir des libéralités ne nuira qu'aux héritiers du condamné.

Pourquoi surtout frapper le condamné de l'incapacité de donner entre-vifs puisque la donation est un contrat du droit des gens ? Pourquoi lui enlever le droit de tester, c'est-à-dire, le droit de récompenser son conjoint, c'est-à-dire, le droit de préférer un ami à des collatéraux, fussent-ils au douzième degré ?

M. Richer a répondu à ces objections dans son rapport :

« Les incapacités de disposer et de recevoir par
« donation ou testament ne sont pas uniquement in-
« hérentes à la fiction surannée de la mort civile :
« cette fiction même aurait pu admettre la validité
« du testament antérieur à la mort supposée. Mais,
« ces incapacités sont dictées par une pensée morale
« et élevée, *ce sont des indignités!* Les accessoires
« de cette nature, associés aux peines afflictives per-
« pétuelles, sont moins un service rendu à l'exem-
« plarité des châtiments qu'un hommage réclamé
« par la dignité même des droits dont un condamné
« doit être destitué.

« Est-ce à un homme que la justice avait voué à
« l'échafaud, est-ce à une voix sortie du bagne ou
« d'une île d'expiation perpétuelle qu'il doit être per-
« mis de s'écrier : *Dico testator et erit lex?* Est-ce là
« celui qui exercera le droit patriarcal de faire la loi
« de la famille autrement que nos Codes ne l'ont
« faite ? Est-ce entre de telles mains que la loi doit
« abdiquer ?

« N'a-t-on pas d'ailleurs à redouter que les dispo-
« sitions de cet homme ne soient inspirées par des

« passions mauvaises, et que la crainte d'une ven-
« geance testamentaire ne paralyse des témoignages
« d'héritiers présomptifs?

« Qu'on laisse le condamné apte à recevoir les
« successions que la loi lui défère, cela est raisonnable
« dans l'intérêt de ses enfants; mais faut-il l'admettre
« à recueillir le fruit de libéralités capricieuses ou
« immorales, le prix d'un crime peut-être, ou des
« dons qui viendraient protester contre l'arrêt? »

Ces raisons n'ont pas convaincu M. Humbert. L'incapacité de recevoir des libéralités, suivant lui, est
inutile pour les condamnés en état d'interdiction légale. D'ailleurs, cette disposition rigoureuse pourra
toujours être éludée au moyen de quelque fraude.
Quant à la privation de la faculté de disposer par donation ou par testament, M. Humbert y voit une atteinte au respect que commande la propriété ; c'est
l'immolation du droit individuel au droit du législateur. *On est ainsi conduit, nous copions, à admettre*
« *que l'état a le droit de distribuer les biens d'un*
« *défunt ; de là à ceux d'un vivant il n'y a qu'un*
« *pas.* »

M. Molinier, avant la loi des 2-31 mai 1854, avait
déjà dit, mais en allant beaucoup moins loin que
M. Humbert :

« La législation actuelle refuse toute valeur juri-
« dique au testament du condamné qui monte sur
« l'échafaud ou qui meurt sous le poids d'un arrêt qui
« le condamne à une peine perpétuelle. Peut-être n'a-
« t-on pas assez compris qu'en infligeant par là, à ce

« condamné, le regret de ne pas pouvoir employer
« les biens qu'il laisse à soulager la misère de sa veuve
« ou à la réparation des torts cachés dont il voudrait
« se laver, on établit une peine à la fois peu morale,
« car elle ôte les moyens d'accomplir des devoirs, et
« injuste, car elle retombe principalement sur la
« femme innocente et sur les tiers envers lesquels
« des torts ne seront pas réparés. N'enlevons pas à
« celui qui a commis de grandes fautes, le droit qu'il
« doit avoir d'employer l'instant solennel qui le sépare
« de son juge à la réparation du mal qu'il s'est fait à
« lui-même, qu'il a causé à ses proches et à des
« tiers. S'il abusait de ce droit au lieu d'en faire un
« usage légitime, les tribunaux sauraient refuser
« l'exécution des dispositions qui blesseraient la mo-
« rale. »

M. Molinier se préoccupait, lui aussi, de l'inviolabi-
lité du droit de propriété individuelle dont le droit de
tester est une conséquence. Il voyait avec regret la
loi civile attenter à un droit qui n'est pas sa création.

M. Ortolan, dans ses *Éléments de Droit pénal*,
s'est abstenu de tout jugement sur l'art. 3. Il a seulement formulé des idées générales ; il distingue, parmi
les rapports d'où naissent les droits, les rapports nécessaires, qui tiennent aux conditions mêmes de
l'existence de l'homme, à l'accomplissement de sa
destinée, et les rapports qui n'ont pas la même nécessité, qui sont, pour la plupart, artificiels, établis par
des raisons d'utilité plus ou moins bien appréciées

susceptibles d'être créés ou détruits suivant l'occurrence.

Pour les droits qui naissent des rapports de la première classe, il les tient pour inviolables. Pour les droits qui naissent des rapports de la seconde classe, il admet qu'ils peuvent être enlevés ; mais il déclare « que la privation de ces derniers droits ne devra « avoir lieu que lorsqu'il naîtra du délit même ou de « la situation dans laquelle le coupable ou la personne « poursuivie se trouvera placée par suite du délit, un « motif logique de suspendre ou de retirer le droit « en question. Cette privation alors se produira, non « pas comme punition proprement dite, mais comme « conséquence logique du délit ou de la situation qui « aura suivi le délit. »

Pour apprécier toute la valeur de ces idées et notamment pour s'en faire un *critérium* en ce qui concerne l'art. 3 de la loi abolitive de la mort civile, il eût été bien désirable que l'éminent auteur descendît aux applications.

Malheureusement, voici ce que M. Ortolan se borne à dire :

« Ces principes généraux étant posés, il resterait « à en faire l'application raisonnée à chaque espèce « de droit en particulier ; mais c'est là une étude de « détails qui sortirait des limites élémentaires de notre « traité. » (Voir nᵒˢ 1406, 1407 et 1415, p. 622, 623 et 625.)

Pour notre compte, nous n'hésitons pas à donner tout notre assentiment à la loi. Dans nos leçons de *législation criminelle*, p. 145 et 146, nous avions reproduit de belles paroles du commissaire du Gouvernement, M. Rouher. Nous venons de reproduire des paroles non moins belles du rapporteur de la commission, et nous persistons à penser que, si naturel et si sacré que soit le droit de propriété individuel, comme après tout il n'est pas indépendant de la loi, qu'il en relève, qu'il est soumis aux conditions de la vie en société comme tous les droits, la loi pénale peut, je ne dis pas le confisquer, mais le paralyser dans les mains qui sont indignes non seulement de l'exercer, mais d'en disposer. Pourquoi, dit-on, présumer l'abus ? S'il se produit on le réprimera ; on annulera les libéralités contraires à la morale. C'est oublier que, d'après le droit commun, la validité d'une libéralité n'est pas subordonnée à la pureté de l'inspiration qui la dicte.

La privation du droit de donner entre-vifs et du droit de tester ne fait pas double emploi avec l'interdiction légale, parce que l'interdiction légale ne survit pas à la prescription ou à toute autre libération de la peine, tandis que l'incapacité, elle, peut survivre à la peine. Vainement objecte-t-on que cette perpétuité de l'incapacité en est justement le principal vice ; en effet, si la cause d'indignité a cessé, le Gouvernement n'est-il pas investi, par l'art. 4, du droit de restituer la capacité que la condamnation a enlevée ?

Quant à l'incapacité de recevoir le bénéfice de donations ou de testaments, ne serait-il pas bien étrange que celui qui est déclaré indigne du droit de faire des libéralités, fût reconnu et proclamé digne d'en recevoir ?

2. *Les institutions contractuelles faites avant la condamnation par l'agent condamné à une peine perpétuelle, ou faites avant la même époque à son profit, tombent-elles sous l'application de l'art. 3, de la loi des 2-31 mai 1854?*

Le rapport de M. Richer résout négativement, au moins une partie de la question : « Quant aux dona- « tions faites par contrat de mariage, elles seront « exécutées, même les institutions contractuelles. »

La même idée a été formulée par M. Rigaud, dans la séance du Corps législatif du 2 mai 1854. L'institution ne saurait être une protestation contre la condamnation, puisqu'elle est antérieure. Pourquoi le condamné qui demeure apte à recueillir une succession *ab intestat*, serait-il privé de l'aptitude pour recueillir une hérédité contractuelle à laquelle il avait conditionnellement un droit acquis avant d'être atteint par la peine ? (Voir en ce sens nos *Leçons de législation criminelle*, p. 146 et 147).

Les institutions contractuelles faites par le condamné avant la condamnation doivent, à plus forte raison, conserver leur effet ; leur irrévocabilité empêche de les assimiler aux testaments. Le disposant n'a plus de pouvoir sur elles quand la peine le frappe ; donc la peine ne saurait réagir sur un fait juridique, qui n'a plus rien à attendre de la volonté de celui dont il est l'œuvre.

M. Humbert, dans sa monographie, p 511, est de cet avis. Toutefois, il admet qu'en principe la capacité de transmettre à titre d'institution contractuelle est exigée chez le donateur *à l'époque de la mort qui opère la transmission.* C'est ce prétendu principe que nous contestons, en nous appropriant la doctrine de M. Demolombe qui professait, avant la loi des 2-31 mai 1854, que la mort civile de l'instituant, avant l'ouverture de l'institution, ne la frappait pas de caducité (*Cours de Code Napoléon,* t. 1er, p. 22, n° 201. Voir dans le sens de M. Demolombe, Hanin, *Des conséquences des condamnations pénales,* n° 343, qui cite de nombreuses autorités. M. Demante avait exprimé une idée contraire dans la *Thémis,* t. 7, p. 476; mais il l'a répudiée dans son *Cours analytique,* t. 1er, p. 111).

M. Troplong a accepté l'opinion de M. Demolombe (*Des donations et testaments,* t. 4, p. 663, n° 2492). Seulement, M. Troplong fait observer avec beaucoup de raison qu'aujourd'hui la peine qui remplace la mort civile n'ouvre plus la succession du condamné: « l'effet « de l'institution ou d'une donation de biens présents « et à venir que ce condamné a faite, doit être attendu « jusqu'à sa mort, et tant que cet événement n'est pas « arrivé, le décès du donataire et de sa postérité en— « traîne la caducité. »

3. *L'incapacité de transmettre par donation ou par*

testament et l'incapacité de recevoir, à ce titre, si ce n'est pour cause d'aliments, encourues par le contumax cinq ans après l'exécution, par effigie, de la condamnation à une peine perpétuelle, sont-elles subordonnées à la condition que le condamné ne meure pas ou ne comparaisse pas dans les vingt ans ?

Les notes de la leçon de M. Demante résolvent cette question affirmativement (*Revue critique*, 1857, t. 1, p. 78, § 3) :

« Pour les condamnations par contumace, délai de « cinq ans, comme pour la mort civile. (Ce délai « n'aurait pas d'application en ce qui concerne la dé- « gradation civique [Code pénal, art. 28]. Du reste, « les termes mêmes de la loi ne l'établissent, en « effet, que pour l'application du présent article.) Il « va sans dire que les incapacités dont il s'agit ne « s'appliqueront pas, s'il meurt ou s'il comparaît dans « les cinq ans. Mais il paraît qu'il en serait **autre-** « **ment**, s'il meurt ou s'il comparaît après **les cinq** « ans. c'est-à-dire que les donations entre-vifs ou **tes-** « tamentaires par lui faites, ou les dons ou legs **par** « lui reçus, après les cinq ans, resteraient frappés « de nullité, malgré sa comparution et son absolution « postérieures. Il paraîtrait même que le testament « qu'il aurait fait avant les cinq ans ou même **avant** « sa condamnation serait nul, s'il meurt après les « cinq ans sans s'être représenté !.... J'avoue que « j'aurais beaucoup mieux aimé qu'on ne tînt aucun

« compte de ces incapacités toutes les fois qu'il se-
« rait mort ou qu'il aurait comparu dans le délai
« ordinaire de vingt ans, pendant lequel la condam-
« nation n'est pas irrévocable. Et peut-être en l'ab-
« sence d'une disposition formelle, comme l'était celle
« de l'art. 30 du Code Napoléon, devrait-on le décider
« ainsi.

« Dans ce système, l'application de l'art. 3, après
« les cinq ans, consisterait uniquement en ce que les
« donations faites ou reçues par le contumax après
« les cinq ans, seraient nulles, s'il survit au délai
« de vingt ans, sans s'être représenté. Quant au testa-
« ment qu'il aurait fait avant les cinq ans ou avant
« sa condamnation, ce n'est pas l'expiration des cinq
« ans qui le frapperait de nullité ; ce ne serait que
« l'expiration des vingt ans. En effet, jusque-là, la
« condamnation n'est pas irrévocable. C'est à ce sys-
« tème, en définitive, que je me tiendrais. »

Une note de M. Gabriel Demante révèle que le
savant professeur avait fait, après coup, une distinction : il n'admettait l'affirmative qu'en cas de comparution volontaire ou forcée du contumax, après les
cinq ans, mais avant les vingt ans. Il adoptait la négative en cas de mort après les cinq ans.

L'erreur de la portion de solution abandonnée par
M. Demante est évidente. La condamnation par contumace n'est pas anéantie par la mort du condamné
dans les vingt ans, et, par suite, si cette mort a eu
lieu cinq ans après l'exécution par effigie, l'incapacité de l'art. 3 s'est produite, et la cause ne ces-

sant pas, il n'y a pas de raison pour que l'effet s'évanouisse.

Cette erreur de M. Demante n'était que la conséquence d'une théorie qu'il avait formulée dans son *Cours analytique de Code civil*, t. 1, p. 148, n° 172. Il professait sous ce numéro : que la mort du contumax, dans les vingt ans, devait effacer rétroactivement la dégradation civique et l'interdiction légale attachées à l'exécution de la condamnation.

Nous avions déjà ailleurs objecté que l'art. 476 du Code d'instruction criminelle n'anéantit la condamnation par contumace qu'autant que le condamné se représente ou est arrêté dans les vingt ans. La mort du contumax, dans les vingt ans, n'est pas une condition résolutoire de la condamnation (*Cours de Code pénal*, p. 272 et 273, et p. 277 et 278).

CONSÉQUENCES : Toutes les donations faites ou reçues par le contumax depuis l'expiration des cinq ans, sont nulles et le testament fait avant la condamnation ou depuis est aussi frappé de nullité.

La question est beaucoup plus délicate lorsque le contumax se présente ou est arrêté après l'expiration des cinq ans, mais dans les vingt ans.

La condamnation est résolue, dit M. Demante ; elle est anéantie, cela est vrai, elle n'a jamais été définitive. La dégradation civique, l'interdiction légale s'effacent rétroactivement. Oui, parce que ces deux peines accessoires étaient attachées à la condamnation seule, et non pas au fait de la contumace pendant

cinq ans depuis l'exécution par effigie de la condamnation.

M. Demante ne tient pas compte du paragraphe
final de l'art. 3 : « Le présent article n'est applicable
« au condamné par contumace que cinq ans après
« l'exécution par effigie. » Dans son système, pourquoi ce sursis de cinq ans, si l'application de l'art. 3
est en suspens tant que vingt années ne sont pas
révolues? Est-ce que la loi nouvelle, dans ce paragraphe,
ne s'est pas référée aux art. 29 et 30 du Code Nap.,
en infligeant des déchéances moins graves que celles
résultant de la mort civile ? La représentation volontaire ou forcée du contumax après les cinq ans,
aux termes de l'art. 30, ne lui faisait recouvrer la
vie civile que pour l'avenir, et cela, encore, sous la
condition qu'il n'encourrait pas, par le nouveau jugement, une condamnation de nature à entraîner la mort
civile. Eh bien ! la comparution volontaire ou forcée
du contumax après les cinq ans, ne doit lui faire
recouvrer la capacité de transmettre ou de recevoir
par des actes à titre gratuit, que pour l'avenir et à la
condition qu'il n'encourre pas une peine perpétuelle.

L'art. 3 se réfère, non pas seulement à l'art. 30
du Code Napoléon, mais au second paragraphe de
l'art. 476 du Code d'instruction criminelle, aux termes
duquel, si la condamnation par contumace est de
nature à emporter la mort civile et si l'accusé n'a été
arrêté ou ne s'est représenté qu'après les cinq ans qui
ont suivi l'exécution du jugement de contumace, ce
jugement, conformément à l'art. 30 du Code Nap.,

conserve pour le passé les effets que la mort civile a produits dans l'intervalle écoulé depuis l'expiration des cinq ans, jusqu'au jour de la comparution en justice.

Le paragraphe dernier de l'art. 3 de la loi nouvelle ne s'incorpore-t-il pas à l'art. 476, et les incapacités qu'il crée ne remplacent-elles pas, aux mêmes conditions, la mort civile?

Cette solution est celle que nous avions exprimée dans nos *Leçons de législation criminelle* (p. 148).

La solution contraire est développée par M. Humbert dans sa *Monographie des conséquences des condamnations pénales*, n°ˢ 440, 441, 442, 443. L'auteur qui a très-bien vu toutes les faces et toutes les difficultés de cette question, reconnaît qu'il est à craindre que la jurisprudence se prononce pour l'avis qu'il combat, parce qu'il peut être plus conforme à l'esprit du législateur, bien que l'avis qu'il adopte lui paraisse, de beaucoup, le plus rationnel.

Pour notre compte, nous comprenons très-bien, sur ce point, les hésitations. Cependant, ce qui nous fortifie dans nos idées, c'est qu'elles ont été acceptées par M. Ortolan, dans les *Éléments de Droit pénal* qu'il a récemment publiés (p. 886, n° 1894). « Dans « le cas où la condamnation par contumace était de « nature à emporter la mort civile, le Code d'ins- « truction criminelle donnait au condamné un délai « de cinq ans à partir de l'exécution par effigie, au « bout desquels, s'il ne s'était pas présenté, qu n'a- « vait pas été arrêté, les effets de la mort civile étaient « par lui encourus. Sa comparution ou son arrestation

« postérieure, avant le temps de la prescription, si
« elle avait été suivie d'un arrêt d'acquittement,
« d'absolution ou de condamnation à une peine
« n'emportant pas mort civile, faisait bien cesser
« ces effets, mais seulement pour l'avenir. La loi du
« 31 mai 1854, en abrogeant la mort civile, a con-
« servé par son art. 3, la même disposition, en l'ap-
« pliquant à l'incapacité de disposer de ses biens par
« donation entre-vifs ou par testament, ou de recevoir
« à ce titre si ce n'est pour cause d'aliments, dont
« elle a frappé les condamnés à une peine afflictive
« perpétuelle. Cet effet doit donc être réglé par la
« combinaison de cette nouvelle loi avec l'art. 476
« du Code d'instruction criminelle et les articles 28,
« 29 et 30 du Code Napoléon.

« A titre de moyen de contrainte, les biens du con-
« tumax condamné, sont, jusqu'à ce qu'il se repré-
« sente, considérés et régis comme biens d'absent. »
(Code d'instruction criminelle, art. 471).

4. *La loi des 2-31 mai 1854, abolitive de la mort
civile, jette-t-elle quelque jour sur les véritables
conséquences de l'interdiction légale ?*

On sait combien de controverses a soulevées la question de savoir de quels droits l'interdiction légale
suspend l'exercice. L'interdiction légale n'enlève-t-elle
au condamné que la gestion de sa fortune, la per-
ception de ses revenus, en lui laissant la capacité
de s'engager, lui et les siens, sous la seule condition

que ses actes ne seront pas opposables au séquestre ? C'est le système de MM. Chauveau et Faustin-Hélie, t. 1ᵉʳ, n° 240.

L'interdiction légale, au contraire, entraîne-t-elle, pendant la durée de la peine, la suspension de l'exercice de tous les actes de la vie civile? C'est le système que nous avons soutenu dans notre *Cours de Code pénal*, p. 276 ; c'est aussi le système de M. Molinier, qui professe *que les effets de l'interdiction légale ne sont pas moindres que ceux de l'interdiction judiciaire (Revue de Droit français et étranger*, année 18?0, p. 484).

C'est enfin le système de M. Troplong, *Sur l'art.* 902 du Code Napoléon, n° 525, « l'art. 29 du Code pénal « en mettant le condamné dans une état d'interdiction « légale, lui a, par cela même, interdit l'exercice des « droits civils, il dit implicitement ce que disait « expressément l'art. 2, titre 4 du Code pénal de « 1791, qui défendait au condamné d'exercer les « droits civils, en même temps qu'il le déclarait in-« terdit ; sa personne civile s'efface devant le tuteur « qui est chargé d'agir pour lui dans tous les actes « de disposition et d'administration ; il serait bien « extraordinaire dès lors que le droit de tester lui « appartint. » M. Troplong cite, dans le sens de ces idées M. Duranton, 8-101 ; Duvergier, *Vente*, t. 1ᵉʳ, p. 211, note 1 ; Coin-Delisle, art. 912 n° 5.

La vérité n'est-elle pas dans un moyen terme entre ces deux systèmes radicaux, c'est-à-dire dans la suspension de l'exercice des droits civils qui peuvent être délégués et la non-suspension de l'exercice des droits exclusivement personnels, comme le droit de tester, le droit de se marier, le droit de reconnaître un enfant naturel?

C'est, avec une formule moins large, le système de M. Demolombe, qui professe que l'interdiction légale ne s'applique qu'aux actes, qu'aux dispositions entre-vifs concernant le patrimoine de l'interdit, parce que ces dispositions sont incompatibles soit avec l'administration déférée au tuteur, soit avec le but essentiel de la loi, qui est d'empêcher le condamné de se procurer des ressources. M. Demolombe refuse à l'interdit l'exercice du droit de faire une donation entre-vifs (t. 1er, p. 211 et 212).

N'y a-t-il pas des distinctions à faire entre les droits exclusivement personnels au condamné? Ne peut-on pas accorder, avec M. Valette et avec M. Demante, à l'interdit légalement, le droit de contracter mariage et de reconnaître un enfant naturel en lui refusant le droit de faire un testament? (*Sur Proudhon*, p. 454 et 455 ; *Cours analytique*, tome 1er, p. 145.)

Ne doit-on pas plutôt, avec MM. Aubry et Rau et M. Zachariæ, lui accorder le droit de tester et le droit de reconnaître un enfant naturel, en lui refusant la faculté de contracter mariage, mais en déclarant que cette incapacité ne forme cependant qu'un empêchement prohibitif et non un empêchement dirimant? (Zachariæ, 3e édit., t. 1er, p. 313 et 315, note 5).

La loi des 2-31 mai 1854 a-t-elle pris parti dans ces controverses ?

Oui, si l'on ne consulte que les explications données dans la discussion de la loi par le rapporteur, M. Richer :

« Le projet de loi était nécessaire pour trancher la
« question de savoir si l'homme interdit légalement
« conserve le droit de disposer de ses biens. Les ju-
« risconsultes les plus éminents sont, en effet, parta-
« gés sur ce point. Selon les uns, l'interdit peut tout
« faire, aliéner, donner, tester ; selon d'autres, parmi
« lesquels Toullier, Duranton, Demante, Dalloz, il ne
« peut rien faire. Un tiers-parti, à la tête duquel sont
« Merlin, Zachariæ, Valette, pense que l'interdit peut
« disposer pour cause de mort, mais non entre-vifs.
« Il importait donc de ne pas laisser plus longtemps
« cette question livrée aux interprétations des juris-
« consultes et à la variété des arrêts. »

Nous n'avons pas à examiner si M. Richer rattache bien chaque nom à la doctrine qu'il patronne, et s'il n'oublie pas quelques autorités, et des meilleures, celle de M. Demolombe notamment ; nous constatons seulement que le rapporteur voit dans l'art. 3 de la loi des 2-31 mai 1854 une explication des effets de l'interdiction légale.

Il est de toute évidence que l'art. 3 ne tranche nullement le point de savoir si l'homme interdit légalement *conserve le droit de disposer de ses biens*. L'erreur de l'affirmation de M. Richer saute à tous les yeux.

L'art. 3 n'a pas pour objet de faire au condamné
à une peine perpétuelle l'application de l'une des conséquences de l'interdiction légale. Il crée une double
incapacité : l'incapacité de recevoir et l'incapacité de
transmettre par donation et par testament. Mais personne n'a jamais soutenu que l'interdit légalement ne
pût recueillir le bénéfice d'un legs ou d'une libéralité
entre-vifs. L'art. 3 ajoute une peine accessoire aux
deux peines accessoires créées par l'art. 2, à savoir la
dégradation civique et l'interdiction légale. Mais alors
ne doit-on pas prendre le contre-pied de l'affirmation
de M. Richer, et dire que l'art. 3 prouve que l'incapacité de donner et de tester n'est pas attachée à l'interdiction légale, puisqu'on a eu besoin de l'édicter comme
peine spéciale, en dehors des termes de l'art. 2 ?

Cette idée ne serait pas plus exacte que la première.
L'art. 3 ne suspend pas l'exercice du droit de donner
entre-vifs et du droit de tester : il enlève ces deux droits ;
il les anéantit d'une manière permanente, et leur privation, à la différence de la suspension qui peut résulter de l'interdiction légale, survit à la peine principale.

L'idée que nous tenons pour erronnée est présentée
comme vraie et développée par M. Ortolan, dans ses
Éléments de Droit pénal. Ce savant auteur, professe
que l'incapacité de disposer par testament ne résulte
pas de l'interdiction légale, et, pour le prouver, il constate que l'incapacité de tester est une pénalité accessoire des peines perpétuelles. « Cette incapacité de dis-
« poser par testament, dit M. Ortolan. figure dans la loi
« nouvelle du 31 mai 1854 pour les cas plus graves,

« qui auraient jadis entraîné la mort civile ; mais elle
« figure en vertu d'un texte formel, comme un sur-
« croît de peines ajouté à la dégradation civique et à
« l'interdiction dont il s'agit ici, par lesquelles la mort
« civile est remplacée. »

L'art. 3 fournit donc à M. Ortolan un argument *à
contrario*, pour établir que l'interdiction légale n'implique pas l'incapacité de faire une disposition testamentaire. Toutefois, M. Ortolan semble s'arrêter dans
ses déductions et ne pas accepter toutes les conséquences que cet argument *à contrario* emporte avec
lui. Il ne va pas, en effet, jusqu'à soutenir que l'interdiction légale ne suspend pas l'exercice de la capacité
de faire des actes à titre onéreux et des actes à titre
gratuit. Il accorde à l'interdit le droit de tester et de
se marier ; mais il paraît lui refuser le droit de faire
les contrats qui peuvent être faits par un mandataire.

« C'est, dit-il, une question controversée parmi les
« jurisconsultes que de savoir si l'interdit, dont il
« s'agit ici, pourrait valablement disposer par testa-
« ment ou contracter un mariage valable. Nous adop-
« tons sans hésiter l'affirmative, par les raisons som-
« mairement exprimées que voici. — Ces actes ne
« rentrent pas dans la gestion ou administration des
« biens dont parle l'art. 29 du Code pénal. Ils se ré-
« fèrent à des droits qu'il est impossible de faire exer-
« cer par procureur, de telle sorte, qu'en retirer au
« condamné l'exercice serait lui en enlever indirecte-
« ment la jouissance. » (Ortolan, *Eléments de Droit
pénal*, p. 719, n° 1557.)

Les actes entre-vifs, à titre onéreux ou à titre gratuit (art. 511, Code Napoléon), qui peuvent être faits
par le représentant de l'interdit légalement, rentrent
donc dans la gestion ou administration des biens dont
parle l'art. 29 du Code pénal. De ce qu'un texte formel enlève la capacité de faire des donations au condamné à une peine perpétuelle, M. Ortolan ne conclut
donc pas que l'exercice de cette capacité appartient à
l'agent qui n'est condamné qu'à une peine afflictive
temporaire.

M. Humbert, dans sa monographie des *Conséquences des condamnations pénales*, p. 497, fait, lui
aussi, l'argument qui a séduit M. Ortolan. Il paraît
admettre que l'art. 3 de la loi des 2-31 mai 1854
prouve que les condamnés à des peines afflictives
temporaires conservent, pendant la durée de l'interdiction légale, l'exercice du droit de tester.

« Il importait en outre d'établir une *différence no-
« table* entre la position des condamnés à des peines
« temporaires, et celle des condamnés à perpétuité.
« L'art. 3 y pourvoit et lève de plus *à l'égard des
« premiers*, une difficulté très-grave qui s'était élevée
« sur le maintien de la faculté de tester, en cas d'in-
« terdiction légale. »

La difficulté était si grave que M. Humbert, p. 353,
avait écrit : « Comment supposer que le législateur qui
« faisait d'une condamnation infamante une cause
« de divorce ou de séparation de corps, ait entendu
« laisser au condamné le droit de se remarier avant
« d'avoir expié son crime (232 et 306, Code civil) ?

« Il y a même raison de lui interdire la faculté tout
« exceptionnelle de tester, sorte de magistrature do-
« mestique, qu'il est aussi indigne d'exercer que la
« puissance maritale (art. 221, C. civ.). »

Ainsi, M. Humbert considère, à la page 497, que
l'art. 3 de la loi des 2-31 mai 1854 l'oblige à ré-
tracter l'opinion qu'il avait émise avant cette loi, à la
page 353.

Disons, en passant, que de ce que la condamnation d'un des époux à une peine infamante est une
cause de séparation de corps, il n'est pas juridique de
conclure que toute peine infamante entraîne la suspension de l'exercice du droit de se marier. La dégradation civique, prononcée comme peine principale,
donnerait à l'époux du condamné le droit d'obtenir la
séparation de corps, et cependant elle n'emporterait
pas, comme peine accessoire, l'interdiction légale,
et, par conséquent, elle ne paralyserait pas l'aptitude
de contracter mariage.

Le changement d'opinion de M. Humbert est d'autant plus inexplicable que, dans une autre partie de
son livre, à la page 504, n° 439, il a écrit : « Du
reste, toutes les questions controversées relativement
aux interdits légalement, *par suite de condamnations
à des peines temporaires*, demeurent entières ; *car
il n'est pas possible d'argumenter par analogie, à
leur égard*, de la loi actuelle relative aux condamnés
à des peines perpétuelles. »

C'est dans ces dernières idées qu'est la vérité.

Suivant nous, les incapacités de l'art. 3 sont sans

influence sur la détermination des droits dont l'exercice est suspendu par l'interdiction légale. La raison
de cette opinion, on la trouve dans le rapport fait, au
nom du Corps législatif, par M. Richer, qui l'a perdu
de vue plus tard dans la discussion :

« Les incapacités édictées par l'art. 3 et qui cons-
« tituent une nuance entre les suites des peines per-
« pétuelles et celles des peines temporaires, ont la
« permanence des déchéances que comprend la dé-
« gradation civique, et ne sont pas effacées par la
« cessation de la peine principale. »

Dans le même rapport, ne lit-on pas: « Au sur-
« plus, la défense de disposer n'aura d'application
« pratique bien complète que dans le cas où, soit la
« grâce, soit la prescription, aura fait tomber, avec
« la peine, l'interdiction légale ; car, dans les liens de
« cette interdiction, on conçoit difficilement que le
« condamné puisse faire des actes d'un effet immé-
« diat, qui soustrairaient une de ses propriétés à la
« tutelle. Les arrêts lui accordent seulement le droit
« de tester. »

A première vue, on pourrait croire que le rapport
suppose que l'interdiction légale n'était pas un obstacle péremptoire à l'exercice de la faculté d'adopter :
« Cet ordre d'idées a conduit l'attention de votre
« Commission vers ce legs universel virtuel qui ré-
« sulterait de l'adoption. Mais en présence des règles
« qui confient à la magistrature le soin d'apprécier la
« moralité et les circonstances, un texte sur cet objet
« serait peu convenable. »

Mais, de ce que l'art. 3 ne crée pas une incapacité d'adopter qui survivrait à la prescription de la peine principale, il n'est pas permis de conclure que l'interdit légalement conserve, pendant la durée de la peine, l'exercice de la faculté de conférer une adoption. Il faut donc forcément arriver à la conclusion que nous avons formulée dans nos *Leçons de législation criminelle*, p. 144 : « L'art. 3, même dans la partie rela-« tive à l'incapacité de transmettre par donation en-« tre-vifs ou par testament, ne tranche nullement, « à mon sens, la controverse qu'à soulevée l'art. **29** « du Code pénal. Il n'implique ni l'adoption ni le « rejet de la théorie d'après laquelle les condamnés à « des peines afflictives temporaires ne peuvent, pen-« dant la durée de la peine, faire un testament. Il ne « paralyse pas momentanément le droit de donner et « de tester ; il anéantit le droit, et l'anéantit à ce « point, que la prescription de la peine principale ne « lui rendrait pas la vie. L'incapacité de donner ou « de tester survit à l'interdiction légale, qui ne dure « qu'autant que la peine dure elle-même. »

MM. Aubry et Rau, *sur Zachariæ*, t. 1ᵉʳ, 3ᵉ édit., p. 303, disent également, en parlant de l'art. **3** : « Cette disposition, dont l'objet est de priver les « condamnés à des peines afflictives perpétuelles, « non pas seulement de l'exercice, mais de la jouis-« sance même de certains droits civils, n'est point « une conséquence de l'interdiction légale. »

Si l'art. 3 de la loi des 2-31 mai 1854 est sans in-fluence sur la portée de l'interdiction légale, doit-on en

dire autant de l'art. 12 de la loi des 3-30 mai 1854,
sur l'exécution de la peine des travaux forcés ?

Art 12. — « Le Gouvernement pourra accorder
« aux condamnés aux travaux forcés à temps l'exer-
« cice, *dans la colonie,* des droits civils ou de quel-
« ques-uns de ces droits dont ils sont privés par leur
« état d'interdiction légale.

« Il pourra autoriser ces condamnés à jouir ou
« *disposer* de tout ou partie de leurs biens. »

Si le Gouvernement est investi de la faculté d'autoriser les individus interdits légalement par suite de
peines afflictives temporaires, à disposer, pour le tout
ou pour partie seulement, de leurs biens, c'est donc
que l'exercice de ce droit de disposition est paralysé,
d'après le droit commun, tant que dure l'interdiction
légale. C'est la remarque que nous avions déjà faite
dans nos *Leçons de Législation criminelle,* p. 176.

Art. 4. — « Le Gouvernement peut relever le
« condamné à une peine afflictive perpétuelle de
« tout ou partie des incapacités prononcées par
« l'article précédent.

« Il peut lui accorder l'exercice, dans le lieu de
« l'exécution de la peine, des droits civils ou de
« quelques-uns de ces droits dont il a été privé
« par son état d'interdiction légale.

« Les actes faits par le condamné, dans le lieu

« d'exécution de la peine, ne peuvent engager les
« biens qu'il possédait au jour de sa condamna-
« tion, ou qui lui sont échus à titre gratuit de-
« puis cette époque. »

1. *Le droit conféré au Gouvernement de relever le
condamné à une peine afflictive perpétuelle de l'incapacité de transmettre ou de recevoir sinon pour
cause d'aliments, en vertu de donations et de testaments, et d'accorder au condamné, dans le lieu de
l'exécution de la peine, l'exercice des droits ou de
quelques-uns des droits dont il a été privé par
son interdiction légale, se confond-il avec le droit
de grâce, ou de commutation qui appartient à
l'Empereur ?*

Non, répond M. Demante : « Ce n'est pas sans des-
« sein qu'on a employé ici la même expression que
« dans l'art. 18 du Code pénal. Ainsi, il n'y aura pas
« lieu à suivre les mêmes formes que pour l'obtention
« et la délivrance des lettres de grâce. »
C'est autre chose que le droit de grâce, mais c'est
plus, c'est l'extension exceptionnelle des effets de ce
droit à des inflictions morales sur lesquelles la grâce
est, en thèse ordinaire, impuissante et qui ne peuvent
cesser que par le secours de la réhabilitation, c'est-
à-dire, après la libération de la peine ; mais le remède
de la réhabilitation étant incompatible avec l'exécution
de la peine principale, il a fallu créer une prérogative

spéciale qui n'est pas le droit de grâce, quoiqu'elle ait des affinités avec lui (voir mes *Leçons de législation criminelle*, p. 33 et 148).

La restitution de la capacité, dont la condamnation à une peine perpétuelle entraîne la privation, peut être totale ou partielle; le Gouvernement peut rendre la capacité de disposer à titre gratuit sans rendre la capacité de recevoir à titre gratuit, et *vice versa*; il peut ne restituer la capacité de disposer à titre gratuit que d'une certaine classe de biens.

2. *La restitution de la capacité rétroagit-elle ?*

Non, elle n'a de conséquences que pour l'avenir; elle est sans influence sur les actes faits par le condamné ou au profit du condamné.

3. *Mais, rend-elle la vie au testament du condamné, antérieur à sa condamnation?*

Si ce testament n'était frappé d'inefficacité que sur la foi de la présomption que le testateur mourrait incapable, l'obstacle à l'exécution de ses volontés dernières venant à s'évanouir avant l'époque du décès, ses volontés devraient avoir effet en vertu de la règle: *Media tempora non nocent.*

Mais si la loi nouvelle avait voulu seulement que le testament du condamné, décédé incapable de tester, demeurât inefficace, il suffisait d'attacher l'incapacité de disposer, à titre gratuit, aux condamnations à des peines afflictives perpétuelles, puisque la capacité de tester est requise, à la mort du testateur, pour que le testament, quelle que soit sa date, soit valable. Or, la loi n'a pas dit seulement que le condamné à une peine afflictive perpétuelle ne peut disposer par testament, si ce n'est pour cause d'aliments ; elle a ajouté : *Tout testament par lui fait antérieurement à sa condamnation contradictoire, devenue définitive, est nul.*

« Cette nullité, dit M. Duvergier, n'a lieu qu'autant « que l'indignité persiste jusqu'au moment de l'ouver- « ture de la succession. » Mais pourquoi la loi ne frappe-t-elle de nullité que le testament fait par le condamné, en se taisant sur le testament fait au condamné ? N'est-ce pas parce que le testament fait au condamné doit recevoir son exécution, si le légataire a recouvré la capacité de recevoir au moment du décès du testateur ; tandis que le testament fait par le condamné ne doit pas recevoir son exécution, s'il a été suivi d'une condamnation à une peine afflictive perpétuelle, qui engendre non seulement une incapacité, mais produit une nullité véritable (voir nos *Leçons de législation criminelle*, p. 150). Vainement dirait-on que le testament fait avant l'exécution de la peine pouvait s'exécuter, avant la loi des 2-31 mai 1854, si le condamné était réhabilité et recouvrait ainsi la capacité de faire un testament. C'est que l'art. 25 du Code Napoléon n'ajoutait pas à l'incapacité de disposer, la nullité du testament antérieur à la condamnation.

**4. *La capacité n'est-elle restituée par le Gouverne-
ment qu'à titre provisoire et révocable, et en quelque sorte comme un moyen d'épreuve?***

Non, la restitution est définitive; l'incapacité ne
pourrait résulter que d'une condamnation nouvelle à
une peine afflictive, car le droit de faire remise d'une
peine accessoire n'implique pas le droit de la faire
revivre.

**5. *Le pouvoir confié au Gouvernement de relever des
incapacités attachées aux peines afflictives perpétuelles, survit-il lorsque la peine commuée en une
peine temporaire a été subie ou est prescrite?***

Non, les motifs qu'ont fait introduire ce droit plus
puissant et plus large que la grâce, ne subsistent plus,
quand l'accomplissement des conditions et des épreuves
de la réhabilitation est devenu possible (*Sic*, nos *Leçons
de législation criminelle*, p. 150).

**6. *L'art. 4 de la loi des 2-31 mai 1854 restreint-il,
dans les limites du lieu de l'exécution de la peine,
l'effet des actes passés par le condamné, en vertu
des droits civils dont l'exercice lui a été restitué
par le Gouvernement?***

Que la main-levée totale ou partielle de l'interdiction
dans le *lieu de l'exécution* de la peine ne donne pas
au condamné le droit d'engager les biens qu'il possé-

dait au jour de sa condamnation, ou qu'il a recueillis depuis à titre successif, ou même qu'il a été habilité à recevoir en vertu de libéralités ; c'est ce que décide expressément le dernier paragraphe de l'art. 4.

Mais je suppose que le condamné ait fait, dans le lieu de l'exécution de la peine, des économies, et qu'il les ait placées en France ; qu'il ait, par exemple, acquis des immeubles en dehors de la colonnie :

1° Ces immeubles seront-ils le gage des obligations, que le condamné contractera sur le théâtre de l'exécution de la peine ?

2° Ces immeubles seront-ils soumis à l'administration du tuteur ?

Le rapport de la Commission semble supposer que, quelle que soit leur origine, les biens acquis dans la colonie et les biens acquis ailleurs ne seront pas de même condition : « On comprend cette diversité du « mode d'administration des biens des deux mondes ; « il n'y pas là une chose indivisible comme l'idée de « la mort ou le lien du mariage. »

Il ne faut pas s'arrêter à l'interprétation que le langage du rapporteur semble impliquer. La loi oppose elle-même les acquisitions, résultat des économies, aux biens dont le condamné avait la propriété au moment de la condamnation, ou dont la propriété a été par lui recueillie depuis à titre gratuit. La loi dit, en effet : *Les actes faits par le condamné dans le lieu de l'exécution de la peine ne peuvent engager les biens qu'il possédait au jour de sa condamnation ou qui lui sont échus à titre gratuit depuis cette époque* (art. 4, dernier paragraphe) ; donc les actes faits par le condamné dans le lieu de l'exécution de la peine peuvent engager les biens que le condamné a acquis à titre onéreux depuis sa condamnation, en quelque lieu que soient situés ces biens, et alors même qu'ils sont en dehors de la colonie.

Pour ne pas admettre cet argument, il faudrait soutenir que le dernier paragraphe de l'art. 4, qui affranchit les biens dont le condamné était propriétaire au moment de la condamnation, ou qu'il a recueillis depuis à titre gratuit, des conséquences de ses obligations, ne s'applique qu'aux biens de cette classe qui seraient dans la colonie, les biens en dehors de la colonie étant tous, sans distinction d'origine, insusceptibles d'être engagés.

Le dernier paragraphe de l'art. 4, ainsi entendu, serait réduit à une hypothèse par trop exceptionnelle pour qu'il soit raisonnable de penser qu'elle soit spécialement entrée dans les prévisions de la loi.

Mais les immeubles acquis en dehors de la colonie avec les ressources des condamnés seront-ils soumis à l'administration du tuteur? Le Gouvernement, aux termes du § 1er de l'art. 4, n'accorde l'exercice des droits civils que *dans le lieu* de l'exécution *de la peine*. En tout autre lieu, le condamné est *interdit* et ne peut agir que par son représentant légal. Cette solution, conforme à la lettre de la loi, n'est-elle pas contraire à son esprit? Tout ce qui est la conquête de l'existence coloniale, tout ce qui est le fruit de ses travaux, doit échapper aux entraves de l'interdiction: la capacité du condamné ne peut être subordonnée à la situation des biens dont, malgré les limites apposées à son exercice, elle est parvenue à économiser le prix. Pourquoi, au moyen d'une procuration adressée, du lieu de l'exécution de la peine, à un tiers choisi en dehors de ce lieu, le condamné ne régirait-il pas un patrimoine de création nouvelle et l'œuvre exclusive de son industrie?

7. *Le Gouvernement peut-il rendre aux condamnés, à des peines perpétuelles, avec le droit de disposition à titre gratuit, le droit de disposer, à titre onéreux, des biens qu'ils possèdent au jour de leur condamnation ou qu'ils ont recueillis depuis à titre successif?*

Non, disent MM. Aubry et Rau, *sur Zachariæ*, t. 1er, p. 319 à la note.

« La disposition de l'alinéa 2 de l'art. 12 de la loi
« du 31 mai 1854, qui donne au Gouvernement la
« faculté d'autoriser les condamnés aux travaux for-
« cés à temps, à jouir ou à disposer de tout ou partie
« de leurs biens, n'est pas reproduite dans l'art. 4 de
« la loi du 31 mai 1854, concernant les condamnés
« à des peines perpétuelles. Toutefois, il ne faut pas
« tirer de ce silence des conclusions exagérées. Il
« résulte en effet du rapprochement de l'art. 3 et de
« l'art. 4, alinéa 1er de cette dernière loi, que le Gou-
« vernement peut relever le condamné à une peine
« perpétuelle de l'incapacité de disposer de ses biens

« par donation entre-vifs ou par testament, et c'est
« pour ce motif que nous avons restreint au droit de
« disposer à titre onéreux, la proposition consacrée
« au texte. D'un autre côté, l'alinéa 2 de l'art. 4
« reconnaît au Gouvernement le pouvoir d'accorder
« au condamné, à des peines afflictives perpétuelles,
« la jouissance des droits civils dans le lieu d'exé-
« cution de la peine, et de lui concéder, par consé-
« quent, le droit de jouir et de disposer, même à titre
« onéreux, des biens qu'il y aurait acquis par son
« travail et ses économies. C'est évidemment dans
« cet esprit qu'est rédigé l'alinéa 3 du même art. 4,
« qui reconnaît implicitement que les biens de cette
« dernière espèce peuvent être valablement engagés
« dans le lieu de l'exécution de la peine, par les
« actes du condamné admis à l'exercice des droits
« civils. »

Cette solution a le tort de supposer que la condamnation à une peine perpétuelle emporte, comme
peine accessoire, l'incapacité de disposer à titre onéreux, comme elle emporte l'incapacité de disposer
à titre gratuit. Mais la capacité de disposer à titre
onéreux survit à la condamnation aux peines perpétuelles ; seulement, l'exercice de cette capacité est paralysé par l'interdiction légale; car, si cet obstacle est
levé, et il peut l'être d'une manière plus ou moins
complète, pourquoi la restriction à la faculté d'engager les biens ne pourrait-elle pas être anéantie,
lorsque l'intérêt dans lequel elle est établie, à savoir,
l'intérêt de la conservation de la fortune antérieure

à la condamnation ou acquise à titre gratuit, n'est plus sauvegardé par la défense de faire des libéralités aux dépens de ces biens? Nous sommes allés plus loin, et nous maintenons cette solution : nous avons dit que, si le condamné à une peine perpétuelle a été relevé de l'incapacité de transmettre par donation entre-vifs ou par testament, les actes à titre onéreux qu'il souscrit dans le lieu de l'exécution de la peine, engagent de plein droit les biens dont il était saisi au moment de sa condamnation ou qu'ils a recueillis à titre gratuit. On comprend que le condamné qui ne peut disposer à titre gratuit d'aucune classe de biens, ne puisse s'obliger que sur les biens qu'il aura acquis ou qu'on aura acquis en son nom à titre onéreux depuis sa condamnation. Mais comprendrait-on que la loi se montrât plus facile pour les dispositions à titre gratuit que pour les dispositions à titre onéreux, et qu'elle voulût que les libéralités pussent embrasser toutes les classes de biens, quand les actes d'administration et d'affaires n'auraient d'action que sur les biens d'une certaine origine? (Voir nos *Leçons de législation criminelle*, p. 158 et 159).

ART. 5. — « Les effets de la mort civile ces-
« sent, pour l'avenir, à l'égard des condamnés
« actuellement morts civilement, sauf les droits
« acquis aux tiers.

« L'état de ces condamnés est régi par les dis-
« positions qui précèdent. »

1. *Les donations faites avant la loi des 2-31 mai
1854 par un donateur dont l'unique enfant était
frappé de mort civile, sont-elles révoquées pour
survenance d'enfant, par suite de l'abolition, pour
l'avenir, des incapacités attachées à l'exécution de
la condamnation ?*

La question suppose qu'on admet avec Pothier,
Delvincourt, Grenier, Duranton, Marcadé, Zachariæ;
avec MM. Coin-Delisle, Poujol, Aubry et Rau, Bayle-
Mouillard, Troplong (*Des Donations*, n° 1379), contrai-
rement à l'opinion de Toullier et de Guyon, que le
donateur dont l'enfant était mort civilement, au moment de la donation, n'avait pas, dans le sens de la
loi, d'enfant vivant, parce qu'il n'avait pas de suc-
cesseur de son sang.

La difficulté se présentait avant la loi nouvelle :
ainsi, l'enfant qui avait encouru la mort civile, par
l'expiration des cinq ans depuis l'exécution par effigie
d'une condamnation par contumace, pouvait, en com-
paraissant avant la prescription de la peine, recouvrer
la vie civile pour l'avenir. Ainsi, le condamné libéré
de la peine temporaire en laquelle la peine perpétuelle
avait été commuée, pouvait trouver dans la réhabilitation le moyen d'effacer, sans rétroactivité, les incapacités qui l'avaient atteint. Cette résurrection civile
constituait-elle une survenance d'enfant et en avait-
elle les effets ?

Non, suivant M. Coin-Delisle, sur les art. 960 et 961, n° 26. Oui, suivant Delvincourt, Grenier, Vazeille, Poujol ; oui, suivant Marcadé, sur l'art. 960, n° 7, et Zachariæ, t. 5, § 709, p. 371 de la 1ʳᵉ édit. M. Duranton distinguait entre les causes *de la renaissance de l'enfant*. *La renaissance* résultait-elle du rapport de la condamnation par contumace ? M. Duranton admettait la révocation. Résultait-elle, au contraire, de lettres de grâce (nous dirions, nous, de la réhabilitation, parce qu'à notre sens, les lettres de grâce, même expresses, sont impuissantes contre les incapacités) ? M. Duranton maintenait la donation.

La distinction manque de base, puisque, dans la première comme dans la seconde hypothèse, la restitution de la vie civile ne rétroagit pas et ne préjudicie point aux droits acquis. La question est uniquement de savoir si la résurrection de l'enfant, avec cette conséquence révocatoire, constitue un effet rétroactif.

MM. Aubry et Rau, en combattant l'opinion de M. Duranton, disaient : « Le donataire sera, dans « l'hypothèse dont il s'agit, privé du bénéfice de la « donation, non point par l'effet des lettres de grâce, « mais bien par suite de l'événement de la condition « résolutoire sous laquelle la donation avait été faite. « Les lettres de grâce ne sont, en définitive, que la « cause occasionnelle de l'arrivée de cette condition, « et la révocation elle-même ne pouvant, au point de « vue légal, être envisagée comme une perte ou un « dommage pour le donataire, on ne saurait dire que « ces lettres altèrent les droits de ce dernier. Nous

« ajouterons que si le retour à la vie civile de l'enfant
« unique du donateur peut et doit, dans la première
« des hypothèses indiquées au texte, être assimilé à
« la survenance d'un enfant, il ne saurait en être
« autrement dans la seconde, puisque la condition du
« mort civilement, rentré dans la vie civile par le bé-
« néfice de lettres de grâce, et ses relations légales
« avec ses parents sont exactement les mêmes que
« celles du mort civilement, qui a recouvré l'état
« civil en purgeant la contumace. »

La question reste, sous l'empire de l'art. 5, de la loi
abolitive de la mort civile, ce qu'elle était avant cette
loi. Le point de savoir si le retour de l'enfant du donateur à la vie civile, pour l'avenir, entraîne ou n'entraîne pas la révocation pour survenance d'enfant, est
tout à fait en dehors de l'art. 5. La solution affirmative
n'implique nullement la rétroactivité de la résurrection ; elle implique, au contraire, que l'enfant n'est
réputé né que depuis la loi nouvelle, puisque c'est
justement parce qu'on respecte la mort civile pour le
passé, qu'on ne tient pas compte de l'existence de
fait antérieure de l'enfant, en sorte qu'on exagère
plutôt qu'on ne supprime les conséquences accomplies
de la fiction.

Art. 6. — « La présente loi n'est pas appli-
« cable aux condamnations à la déportation pour

« crimes commis antérieurement à sa condamna-
« tion. »

1. *Faut-il conclure de l'art. 6 que la mort civile, conséquence de l'exécution de la peine de la déportation prononcée par des condamnations antérieures à la loi des 6-16 juin 1850, n'est pas abolie ?*

Non, répondent MM. Demante, *Revue critique*, 1857, p. 80, Aubry et Rau *sur Zachariæ*, 3e édition, t. 1er, p. 304, Ortolan, p. 315. L'art. 6 signifie seulement que les agents condamnés à la déportation pour crimes commis depuis la loi des 6-16 juin 1850, jusqu'à la loi des 2-31 mai 1854, n'encourront que la dégradation civique et l'interdiction légale, et ne seront pas soumis à l'incapacité de recevoir ou de transmettre en vertu de donations entre-vifs ou de testaments. M. Humbert est le seul auteur qui, à notre connaissance, soutienne l'opinion contraire, p. 527, n° 462.

2. *Les agents condamnés à la déportation sous l'empire de la loi des 6-16 juin 1850, pour faits antérieurs, ont-ils encouru la mort civile, si la peine principale a reçu son exécution avant la loi des 2-31 mai 1854 ?*

Oui, et la mort civile est remplacée pour eux, non pas seulement par la dégradation civique et l'interdiction légale, mais par les incapacités de recevoir ou de transmettre à titre de donation entre-vifs ou de testament. (V. notre *Cours de Code pénal*, p. 263 et

264.) MM. Aubry et Rau (t. 1ᵉʳ, p. 304) supposent que la question doit être résolue dans ce sens. MM. Demante, *Revue critique*, 1857, t. 10, et Ortolan, p. 715, sans être très-explicites, semblent être d'avis contraire. M. Duvergier, dans ses *Annotations sur l'art. 8 de la loi des* 6-16 *juin* 1850, p. 274, défend des idées qui peuvent prêter appui à la solution, que nous ne croyons pas devoir adopter. Il professe, en effet, que l'art. 8 de la loi des 6-16juin 1850 a eu pour unique objet d'affranchir les faits, antérieurs à sa promulgation, de l'aggravation résultant du changement, dans le mode d'exécution de la déportation, mais qu'il n'a nullement eu pour but de maintenir la mort civile, toujours et quand même, et par cela seul que la déportation réelle continuerait à être remplacée par la détention.

Je réponds aux observations de M. Duvergier, que la loi des 6-16 juin 1850, n'a porté aucune atteinte aux effets de la déportation prononcée pour crime antérieur à sa promulgation. Sans doute, dans l'art. 3, elle déclare que la condamnation à la déportation n'emporte pas la mort civile ; mais elle ne parle que de la déportation dont elle organise le mode. Le texte de l'art. 8 est précis : « La présente loi n'est applicable « qu'aux crimes commis postérieurement à sa pro- « mulgation. » Ce texte ne distingue pas entre les adoucissements et les aggravations résultant de la loi nouvelle, qui ne saurait être scindée, même dans le but de faire rétroagir celles de ses dispositions qui sont favorables au condamné.

DE LA RÈGLE

QUE

LE JUGE DE L'ACTION EST JUGE DE L'EXCEPTION

ET DES LIMITES DE CETTE RÈGLE,

SOIT EN MATIÈRE CIVILE, SOIT EN MATIÈRE PÉNALE.

Y a-t-il question préjudicielle et obligation, pour le tribunal saisi, de surseoir au jugement, par cela seul que la question exceptionnellement soulevée n'aurait pu lui être soumise par voie d'action principale ?

On l'a tout récemment affirmé et dans des termes bien absolus.

Cette affirmation est-elle l'expression de la vérité juridique ?

Nous ne le saurions croire. Elle nous semble inexacte et en matière civile et en matière criminelle. Elle s'attaque hardiment à la règle d'après laquelle *le juge de l'action est juge de l'exception.* Sans doute cette règle sainement entendue ne veut pas dire qu'un tribunal peut, à titre d'exception, juger une question qui est en dehors de sa compétence *ratione materiæ*. Ainsi un juge de paix et un juge de commerce n'auraient pas, à titre de compétence incidente, le pouvoir de statuer sur des questions d'État, des questions de vérification d'écritures, d'inscription de faux, sur toutes les questions, en un mot, qui n'appartiennent qu'à la juridiction de droit commun, c'est-à-dire, à la juridiction qui connaît de toutes les matières civiles.

Les art. 14, 426, 427 du Code de procédure civile n'ont pas un caractère limitatif. Que la seule dénégation du fait attributif de compétence ne suffise pas pour contraindre le juge d'exception à se dessaisir, c'est ce que nous tenons pour certain, parce que la compétence s'apprécie d'après ce qui est articulé et non d'après ce qui est justifié : autrement le jugement du déclinatoire ne pourrait précéder le jugement du fond (*Contrà*, Cass. 10 juillet 1837. Dev. et Car., 37, 1, 732); mais si la défense soulève une question distincte, indépendante, qui exclue ou seulement qui prime la question résultant de la demande, le juge de celle-ci n'est le juge de celle-là qu'à la condition de n'être pas incompétent à raison de la matière soulevée par la défense.

L'art. 635 du Code de commerce qui appelle le juge commercial à connaître de tout ce qui concerne les faillites n'autorise pas ce juge à se saisir incidemment des questions de droit civil, nées de rapports antérieurs à la cessation de paiements (Cass. 17 novembre 1848. — Cass. 19 avril 1853. Dev. et Car., 1848, 1, 593. — 1853, 1, 443). L'art. 512 duCode de commerce en décidant que, si le jugement de l'opposition au concordat est subordonné à la solution de questions étrangères à la compétence du tribunal consulaire, ce tribunal doit surseoir à prononcer jusqu'après la décision de ces questions, est aussi une preuve décisive que l'application de la règle « le juge de l'action est le juge de l'exception » s'arrête devant une incompétence *ratione materiæ*.

L'art. 4 de la loi du 25 mai 1838, qui n'autorise le juge de paix à statuer sans appel jusqu'à la valeur de 100 fr. et à charge d'appel jusqu'à concurrence de 1,500 fr. sur les indemnités réclamées par le locataire ou le fermier contre le propriétaire pour non-jouissance, qu'autant que le fond du droit n'est pas contesté; l'art. 6, n° 2, qui n'attribue au même juge les questions de bornage et d'observation de distance pour les plantations d'arbres ou de haies, qu'à la condition que la propriété ou les titres sur lesquels elle est établie ne sont pas contestés, sont l'expression de la même pensée. Cette pensée se révèle encore dans l'art. 8 de la même loi, aux termes duquel le juge de paix n'a pas le droit de prononcer sur une demande reconventionnelle ou même sur une simple demande en compensation qui excède sa compétence.

Mais de là, faut-il conclure que toute question qui, considérée isolément, n'appartiendrait pas au juge saisi, constitue une exception préjudicielle ? Le juge de l'action ne peut-il jamais, par voie d'accession et par une attraction nécessaire, statuer sur des questions incidentes qui appelleraient un autre juge si elles étaient élevées par voie d'action principale ?

S'il en était ainsi, il faudrait aller jusqu'à dire que le juge de l'action ne pourrait connaître incidemment des questions soulevées comme moyens de défense, en tant qu'il n'aurait pas compétence à raison du domicile du défendeur ou à raison de l'assiette de l'objet litigieux. Cependant jusqu'ici tous les jurisconsultes se sont accordés à reconnaître que la règle d'après laquelle le juge de l'action est juge de l'exception, s'applique aux exceptions qui sont, *quant à la matière*, de la compétence du tribunal saisi de l'affaire, et qui seulement ne seraient point de sa compétence, *à raison de la personne ou à raison du lieu.*

Mais l'extension de la compétence incidente et par voie d'exception ne fait-elle échec qu'à la compétence *ratione personæ* et *ratione loci* ? Si, en faisant prévaloir les nécessités pratiques sur les scrupules historiques, on admet, avec la jurisprudence de la Cour de cassation, que les tribunaux civils ont la *plénitude de juridiction*, ces tribunaux ne pourront-ils pas connaître, par voie incidente, de questions qui, par voie principale, appartiendraient aux tribunaux de commerce ou aux juges de paix (Cass., 13 novembre 1838, Dev. et Car., 1839-1-121 ; Cass., 7 février 1844, Dev. et Car., 1844-1-372 ; Caen, 18 juin 1855, *Jurisp.*, 1855-253 ; pourvoi rejeté le 3 juin 1856, 1856-164, *Jurisp. Caen*) ? Dans ce système ne sera-t-il pas vrai de dire que les tribunaux civils pourront statuer sur toutes les exceptions qui ne seront pas du domaine de la juridiction administrative (V. art. 475 Code de procédure)?

Je crois qu'aucun jurisconsulte n'a jamais écrit que le juge compétent pour statuer sur le procès dont il est saisi, l'est nécessairement pour statuer sur les questions qui s'élèvent incidemment dans ce procès, bien que ces questions fussent hors de sa compétence *ratione materiæ*, si elles lui étaient proposées principalement (Voir cependant Merlin, *Rép.*, v° *Question d'état*, § 1er, n° 3).

Spécialement en matière criminelle, les jurisconsultes qui écrivent que les juridictions répressives ont en général le pouvoir de statuer accessoirement à l'action publique sur toutes les questions de droit civil que cette action soulève, ne professent pas que le juge de l'action soit juge de l'exception, alors même que cette exception est en dehors de sa compétence *ratione materiæ*. Ils professent, ce qui est tout différent, qu'accessoirement à l'action publique et pour la purger, les juridictions répressives peuvent juger ce que jugent les tribunaux civils, les tribunaux de commerce, les juges de paix, abstraction faite de l'action publique. Ils soutiennent que l'art. 3 du Code d'instruction criminelle établit non-seulement que les juridictions pénales ne sont pas incompétentes *ratione materiæ* sur les questions de droit civil, mais encore qu'elles priment les juridictions civiles pour ces sortes de questions, quand elles sont liées à l'action publique.

Ils sont si loin d'admettre que la juridiction criminelle puisse connaître, sous forme d'exception, de questions à raison desquelles elle est incompétente *ratione materiæ*, qu'ils proclament que cette juridiction, pas plus que les autres dépositaires de l'autorité judiciaire, ne saurait empiéter sur l'autorité administrative, et devrait surseoir toutes les fois qu'une exception relevant de cette dernière autorité appellerait une décision à laquelle sa propre décision serait subordonnée. Ainsi, ils reconnaissent que, s'il s'agit d'un détournement de deniers par un dépositaire public, la question de savoir si le comptable est ou n'est pas débiteur appartient au pouvoir administratif. Le juge répressif, disent-ils, est investi, à titre d'accessoire, de la juridiction civile ; il n'est et ne saurait être investi à titre d'accessoire de la juridiction administrative (Cass. 20 novembre 1842. Jour. du P., t. II, 1843. 529.—(Cass. 24 septembre 1846. Dev. et Car., 1846, 1, 657.—V. l'excellente note de M. Carette).

Les tribunaux doivent, dit-on, se renfermer dans leurs attributions. C'est incontestable ; mais il s'agit de savoir quelles sont les attributions des tribunaux répressifs. Sont-ils ou ne sont-ils pas compétents *ratione materiæ* pour connaître des questions de droit civil, qu'il est nécessaire de résoudre avant d'appliquer la loi pénale ? Est-il vrai qu'ils ne peuvent connaître incidemment d'aucune des questions qui ne devraient pas leur être déférées par voie principale ?

Incontestablement, personne ne s'aviserait d'introduire devant une juridiction répressive une action tendant à la revendication de la qualité d'époux. Cependant qui oserait, en présence de l'art. 198 du Code Napoléon, nier que la preuve légale de la célébration d'un mariage peut résulter d'une procédure criminelle? Comment alors soutenir la thèse que l'art. 327 du Code Napoléon n'est qu'une application à un cas particulier d'une règle générale et un témoignage de la séparation des compétences civile et criminelle?

Comment persister à prétendre que le juge répressif doit nécessairement renvoyer au juge civil la solution de toute question d'état? Comment assimiler aux tribunaux d'exception, aux juges consulaires, aux juges de paix, toutes les juridictions répressives?

Est-ce que le jury ne doit pas vérifier l'existence des circonstances sans lesquelles l'infraction sur laquelle il est interrogé n'existe pas, bien que sa vérification puisse impliquer la solution de questions d'état?

S'il s'agit d'une accusation de parricide, qui résoudra le point de savoir si la victime est l'ascendant de l'agent? N'est-ce pas le juge du fait (article 299 Code pénal.—Cass. 19 septembre 1839. Journal du Palais, 1841, 1, 729)?

S'il s'agit d'une accusation de viol ou d'attentat à la pudeur avec la circonstance aggravante que l'accusé avait autorité sur sa victime, n'est-ce pas le jury qui statuera sur l'existence de la qualité à laquelle est attachée l'aggravation de peine par l'art. 333 du Code pénal (Cass. 28 juin 1855. Devil., 1855, 1, 847)?

S'il s'agit de savoir si l'agent est mineur de seize

ans, n'est-ce pas encore le jury qui tranchera cette question ?

Enfin, s'il s'agit d'une accusation de bigamie, n'est-il pas logique et rationnel de décider, malgré toutes les controverses et toutes les dissidences, que le jury est le juge de la validité du premier comme du second mariage ?

L'accusation de banqueroute frauduleuse n'appelle-t-elle pas le jury à vérifier la qualité de commerçant et la qualité de failli de l'accusé (Cass. 11 août 1837. Devil. et Car., 1837, 1, 1026.—Cass. 23 avril 1841.— 3 avril 1846.—Dalloz, 1841, 1, 414.—1846, 1. 163)?

N'est-ce pas à la Cour d'assises qu'il appartient de se prononcer sur la nationalité ou l'extranéité de l'agent poursuivi en vertu de l'art. 7 du Code d'instruction criminelle, à raison d'un crime commis à l'étranger contre un Français ? C'est ainsi qu'un arrêt de la Cour de cassation, du 20 janvier 1843, a décidé qu'à la Guyane la question de savoir si l'accusé était libre ou esclave devant influer sur la procédure et sur la peine, c'était la Cour d'assises qui devait juger cette question (Dalloz. 1843, 1, 134).

N'est-ce pas enfin à la Cour d'assises de statuer, lorsqu'une question d'état s'élève, non pas incidemment à une question de culpabilité, mais incidemment à une question de procédure, par exemple lorsqu'un témoin est reproché, à raison de ses liens de parenté avec l'accusé (Cass. 23 mars 1844. *Bulletin criminel*, n° 116) ?

Ne faut-il donc pas reconnaître, avec l'orateur du

Gouvernement, sur l'art. 227 du Code Napoléon, *que la décision de cet article est contraire à la règle générale qui, en considérant la punition des crimes comme le plus grand intérêt de la société, suspend les procédures civiles quand il y a lieu à la poursuite criminelle (Sic Cass. 14 octobre 1853. Devil. et Car.. 1854, 1, 167)* ?

Est-ce que les tribunaux correctionnels, saisis d'une prévention d'abus de mandat ou de détournement de dépôt, ne sont pas juges de l'existence du mandat ou du dépôt?

Concluons. Les tribunaux, qu'on peut appeler tribunaux répressifs de droit commun, ont la plénitude de juridiction pour statuer, accessoirement à l'action publique et pour la purger, sur les questions de droit civil que cette action soulève: ils ne doivent renvoyer aux juridictions civiles que les exceptions déduites d'un droit immobilier fondé sur un titre apparent dans les termes de l'art. 182 du Code forestier et de l'article 59 de la loi du 15 avril 1829 sur la pêche fluviale.

Mais il est des juridictions répressives qui, à la différence des Cours d'assises, des tribunaux correctionnels, des tribunaux de simple police, ne constituent que des juridictions spéciales et de droit exceptionnel; par exemple, les tribunaux militaires, les conseils de préfecture, la Haute-Cour de justice.

Conséquence : Si un remplaçant, poursuivi comme déserteur devant le Conseil de guerre, prétend qu'il était marié à l'époque du remplacement, et que dès lors le remplacement est nul en vertu des art. 19 et 43 de la loi du 21 mars 1832, on soutient qu'il est étranger, et, comme tel, incapable de servir dans l'armée française, il élève une exception dont le juge saisi ne saurait connaître, parce que la règle que le juge de l'action est juge de l'exception fléchit devant une incompétence à raison de la matière (Cassation 1er septembre 1842 et 15 avril 1843. *Bulletin criminel*, 1842, nos 222 et 223.—1843, n° 80).

A notre sens, c'est une erreur de dire qu'un juge ne peut jamais juger, par voie d'exception, une question qui n'aurait pu lui être déférée par action principale. L'art. 475 du Code de procédure civile, en déclarant que le juge saisi est compétent pour apprécier la tierce opposition à une décision rendue par un juge dont les pouvoirs sont inférieurs ou égaux aux siens, démontre que la compétence incidente n'a pas toujours la même mesure que la compétence principale.

DE LA

COMPÉTENCE DU JUGE RÉPRESSIF

SUR LES QUESTIONS CIVILES.

Dans le dernier numéro de la *Revue critique* (t. IX, p. 282), sous la rubrique : *Compétence; Questions préjudicielles*, M. Dorlencourt a publié un article qu'il qualifie de *Réplique* à mes observations sur le sens de la règle : *que le juge de l'action est le juge de l'exception.*

Si l'auteur s'était borné à défendre la théorie qu'un juge ne peut jamais être compétemment saisi par voie d'exception d'une question qui n'aurait pu lui être déférée par action principale, je n'éprouverais pas la tentation d'engager avec lui une controverse; je laisserais aux jurisconsultes le soin de se prononcer entre nos deux systèmes.

Mais M. Dorlencourt m'attribue, en l'encadrant de

guillemets, une phrase qui est son œuvre exclusive, et il affirme que cette phrase est ou un *lapsus calami* ou une *erreur typographique*.

Je ne saurais accepter la responsabilité de la formule qu'il me prête et qui est celle-ci : « *L'extension de la « compétence incidente et par voie d'exception fait « échec à la jurisprudence qui accorde aux tribunaux « civils la plénitude de juridiction.* »

Si je suis l'auteur de cette phrase, j'ai écrit un contre-sens. Heureusement la phrase appartient à M. Dorlencourt.

Dans l'article dont M. Dorlencourt a entrepris la réfutation, j'ai essayé d'établir que le juge de l'action pouvait connaître incidemment des questions soulevées comme moyen de défense, bien qu'il n'eût pas compétence sur ces questions à raison du domicile du défendeur ou à raison de l'assiette de l'objet litigieux, et je suis arrivé à cette conclusion, que la compétence incidente et par voie d'exception n'est pas soumise absolument aux mêmes règles que la compétence directe.

Sous ce rapport, je n'ai fait que reproduire une proposition que M. de Molènes professe dans des termes pleins de mesure et de justesse :

« Il faut chercher à bien comprendre, à cet égard, « la règle qui veut que le juge de l'action soit juge « de l'exception. Cette règle appartient surtout au « droit civil. Elle est relative aux exceptions, qui « sont, quant à la matière, de la compétence du tri-« bunal saisi de l'affaire, et qui seulement ne seraient

« point de sa compétence à raison de la personne ou
« à raison du lieu. »

Voici ce que j'ajoute, et je reproduis le texte auquel
M. Dorlencourt substitue un texte de sa façon :

« Mais *l'extension* de la compétence incidente et
» par voie d'exception *ne fait-elle échec* qu'à la com-
« pétence *ratione personæ et ratione loci?* Si, en fai-
« sant prévaloir les nécessités pratiques sur les scru-
« pules historiques, on admet avec la jurisprudence
« de la Cour de cassation que les tribunaux civils ont
« *la plénitude de juridiction*, ces tribunaux ne pour-
« ront-ils pas connaître, par voie incidente, de ques-
« tions qui, par voie principale, appartiendraient aux
« tribunaux de commerce ou aux juges de paix (Cass.,
« 13 novembre 1838 ; Devil. et Car., 1839, 1, 121)
« (Caen, 18 juin 1855, 1re Chambre, 55, 952. Rejet,
« 3 juin 1856, 1856, 144, *Jurisprud. de Caen*). Dans
« ce système ne sera-t-il pas vrai de dire que les tri-
« bunaux civils pourront statuer sur toutes les excep-
« tions qui ne seront pas du domaine de la jurispru-
« dence administrative ? » (Voir art. 475. Code de
procédure civile).

M. Dorlencourt me fait dire que l'extension de la
compétence incidente fait échec à la jurisprudence
qui accorde aux tribunaux civils la plénitude de juridiction. Je dis seulement, et je dis, je crois, très-net-
tement, que si les tribunaux civils peuvent, par voie
d'exception, juger des questions commerciales, le
prétendu principe que la compétence incidente n'est
pas plus large que la compétence directe, reçoit encore

un démenti, et, partant, n'est pas vrai d'une vérité absolue.

Au fond, la vraie question est de savoir si le juge répressif est incompétent *ratione materiæ* pour statuer sur des questions de droit civil auxquelles le sort de l'action publique est subordonné.

M. Dorlencourt affirme que les criminalistes proclament que le juge répressif est incompétent *à raison de la matière* sur ces sortes de questions, mais que la règle, *le juge de l'action est le juge de l'exception*, déroge à cette compétence d'ordre public.

Il attribue notamment cette théorie à **M. Mangin**, en citant, comme formulée par cet auteur, une proposition qu'on lit dans la note doctrinale rédigée le 4 novembre 1813, à la suite d'une délibération de la Cour de cassation.

Si je ne m'abuse, M. Dorlencourt, en détachant cette proposition de ce qui la précède et de ce qui la suit, lui donne une portée qui n'a pas été dans la pensée du savant rédacteur.

Ce que je puis prouver, c'est que la théorie qui professe que le juge répressif est investi (en tant au moins qu'ils sont indispensables pour le jugement de l'action publique) de tous les pouvoirs qui appartiennent à la juridiction de droit commun et aux juridictions d'exception chargées de l'application de la loi civile, n'est pas une théorie *anonyme*.

Si M. Dorlencourt ne connaît pas, comme il le dit, les auteurs qui la défendent, c'est peut-être qu'il attache trop peu d'importance aux travaux sur le droit pénal. Je ne lui reproche pas, bien entendu, de ne pas lire des monographies que le nom de leur auteur ne recommande pas assez ; mais il doit, ce semble, tenir compte des opinions de M. Rauter et de celles de M. Ortolan.

Eh bien ! M. Rauter professe (*Cours de procédure civile*, p. 32, n° 28), que le juge de la demande est aussi le juge de la défense, et de toutes les exceptions opposées à l'action et à la défense, *à moins qu'il ne soit un juge extraordinaire*, ou à moins que la loi n'en ait disposé autrement.

Le savant jurisconsulte fait l'application de ce principe dans son *Traité de droit criminel* (t. II, n° 626). « La juridiction criminelle *comprend la juridiction* « *civile* autant qu'il est besoin, pour que l'action pu- « blique, naissant du délit, puisse être jugée comme « un *accessoire* par le juge criminel saisi de la con- « naissance de l'action publique, si l'action civile est « portée devant lui et non devant le juge civil, ce qui, « comme nous l'avons déjà dit, n° 198, est au choix « de la partie civile (art. 3, Code d'instruction crimi- « nelle). Elle est même, *et par son propre titre, compé-* « *tente pour juger les questions préjudicielles élevées* « *dans les débats.* Elle l'est, conformément à la règle « générale, pour toute juridiction que le juge de l'action « est aussi le juge de l'exception, pour autant qu'il « faut que celle-ci soit jugée afin de rendre son cours « à l'action. »

Je ne suis en désaccord avec M. Rauter que lorsqu'il ajoute : « Toutefois, si ces questions avaient pour objet

« un fait ou une chose relativement à la preuve des-
« quels l'admissibilité de la preuve testimoniale fût
« exclue ou limitée par application de l'art. 1341 du
« Code civil, ou si la loi elle-même avait retiré le
« jugement de la question préjudicielle, de la com-
« pétence de la juridiction criminelle, celle-ci ne
« pourrait plus en connaître, et devrait surseoir au
« jugement de la prévention jusqu'après la décision
« préjudicielle rendue par l'autorité compétente. »

J'admets la dernière de ces deux restrictions, mais
je ne saurais accepter la première. Effectivement c'est
la nature du fait à prouver et non la nature de la juridiction devant laquelle la preuve est à faire, qui dé-
termine la condition d'admission de cette preuve.

M. Ortolan, dans ses *Éléments de droit pénal*, est
aussi d'avis que le juge répressif n'est pas incompétent *ratione materiæ*, pour statuer sur les questions
de droit civil que l'action publique soulève.

« Nous tenons pour certain, quant à nous, que tout
« juge saisi d'une question à résoudre est saisi, par
« cela seul, de toutes les opérations de raisonnement
« nécessaires pour arriver à son but, et, par consé-
« quent, de toutes les questions qui peuvent s'en-
« chaîner successivement comme autant d'éléments
« logiques de celle qui lui est soumise. Pour qu'il
« soit obligé de s'arrêter et de renvoyer à un autre
« juge une partie de ces opérations préalables, il faut,
« ou qu'il s'agisse de pouvoirs tellement séparés,
« comme le sont le pouvoir judiciaire et le pouvoir
« administratif, qu'il ne lui est jamais permis d'en-

« treprendre sur une telle séparation (ci-dessus,
« n° 1771); ou bien, s'il s'agit d'un seul de ces pou-
« voirs, comme ici du pouvoir judiciaire, en présence
« du principe général de l'unité de justice civile et
« pénale, il faut qu'un texte formel de loi ou un usage
« ayant autorité législative, lui en impose l'obliga-
« tion.—Or, pour les questions dont nous nous oc-
« cupons ici, nous ne voyons un texte pareil que
« relativement aux crimes de suppression d'état, et
« un usage semblable, corroboré par quelques textes,
« que relativement à la propriété immobilière. Dans
« toutes les autres hypothèses, qu'il s'agisse de ques-
« tions d'état relatives aux droits de famille ou aux
« droits de cité, ou bien de propriété mobilière ou
« incorporelle, ou bien d'obligations et de contrat,
« nous reconnaissons la compétence du tribunal de
« répression. » (N° 1779, p. 84).

M. Ortolan ne se fonde pas sur l'axiome dont j'ai
tenté, après M. Rauter, de limiter la portée ; Il con-
seille, en effet, de se méfier du brocard : *le juge de
l'action est le juge de l'exception.* Suivant lui, *on ne
saurait trouver là une raison de décider* (p. 840,
n° 1778).

OBSERVATIONS

SUR

L'EXAMEN DOCTRINAL DE LA JURISPRUDENCE

EN MATIÈRE CRIMINELLE

(Quel est le véritable sens, en matière criminelle, de la règle que
LE JUGE DE L'ACTION EST LE JUGE DE L'EXCEPTION) ?

Par M. FAUSTIN-HÉLIE (*Revue critique*, t. X, p. 193).

Une controverse s'était engagée dans la *Revue critique* sur le sens de la règle : *le juge de l'action est le juge de l'exception*. M. Dorlencourt avait développé dans deux articles (*Revue critique*, t. 8, p. 359 et t. 9, p. 282) une théorie d'après laquelle le juge de l'action ne serait compétent pour statuer, sur les exceptions, qu'à la condition qu'il pourrait être saisi directement et principalement de la connaissance de ces exceptions.

J'avais aussi, dans deux articles (*Revue critique*, t. 8, p. 554, et t. 9, p. 459) exposé une théorie contraire, en soutenant que le juge de l'action avait le droit de juger l'exception toutes les fois qu'elle n'était pas en dehors des limites de sa compétence, *ratione materiæ*, et qu'une disposition dérogatoire de la loi n'écartait pas l'application de notre règle.

M. Faustin-Hélie intervient dans le débat (*Revue critique*, t. 10, p. 193). A tous les titres, il a compétence pour prendre part à une pareille discussion et pour la clore. Eminent écrivain, membre de la plus haute de nos magistratures, il est versé dans la science du droit qui le compte au nombre de ses représentants les plus distingués. M. Faustin-Hélie semble s'être proposé le rôle de médiateur ; c'est une solution transactionnelle qu'il apporte. Cette solution prétend assigner la part de vérité que contient chacun des deux sytèmes opposés. Atteint-elle le but du savant auteur ?

D'abord, M. Faustin-Hélie circonscrit le terrain de la lutte, et ne s'occupe du sens de la règle qu'en matière criminelle.

En second lieu, même en matière criminelle, M. Faustin-Hélie formule-t-il d'une manière complète la question qu'il s'agit d'éclaircir ?

« Deux théories sont en quelque sorte en présence :

« D'une part, on applique aux juridictions pénales,
« dans des termes trop absolus, peut-être, cette règle
« de Droit civil, que le juge de l'action est juge de
« l'exception ; qu'appelé à prononcer sur l'existence
« d'un délit, il doit avoir nécessairement le **droit**
« d'apprécier tous les faits, tous les actes élémentaires

« de ce délit et de prononcer sur toutes les questions
« qui s'y rattachent, *lors même que ces questions
« seraient en dehors de sa compétence* RATIONE
« MATERLE ;

« D'une autre part, on soutient, au contraire, que
« le juge, incompétent pour connaître principalement
« d'une exception de Droit civil, ne peut en con-
« naître accessoirement à l'action publique, et par
« cela seul qu'elle se présente incidemment et qu'il
« y a dans ce cas question préjudicielle et obligation
« de surseoir. »

M. Faustin-Hélie, me compte, dans la note de la
page 195, au nombre des partisans de la première
théorie qu'il attribue à M. Merlin, à M. Mangin, à
M. Le Sellyer.

J'ai déjà exprimé l'idée que M. Mangin était, dans
le sens de cette théorie, beaucoup moins explicite
qu'on ne le suppose, et j'en pourrais dire autant de
M. Le Sellyer. Ce qui est certain, au moins, c'est que
je ne pourrais être associé à la responsabilité de cette
opinion.

M. Faustin-Hélie oublie la théorie qui enseigne que
les questions qui sont en dehors de la compétence du
juge répressif *ratione materiæ*, comme les questions
administratives, ne peuvent être jugées par lui, sous le
prétexte que ces questions se présentent sous la forme
d'exceptions.

C'est une troisième théorie, une théorie qui a sa
valeur et des titres à une mention, peut-être à une
discussion.

M. Faustin-Hélie, quelques lignes plus loin (page 196), s'est lui-même chargé de justifier, à l'avance, mes observations. En effet, après avoir, en d'excellents termes, analysé et mis en relief la théorie d'après laquelle il n'existe pas deux compétences, l'une incidente et l'autre principale, il ajoute, dans sa bienveillante réfutation :

« Cette doctrine n'est que l'exagération d'un prin« cipe vrai ; la compétence *ratione materiæ* domine
« toutes les juridictions ; elle sépare rigoureusement
« leurs attributions et prohibe tout empiètement de
« l'une sur l'autre : ce principe est, à la fois, la garan« tie des droits des citoyens et de la bonne adminis« tration de la justice ; mais l'autorité de ce principe
« est-elle donc en question? *Nul ne prétend, comme*
« *on l'a très-justement remarqué* (M. Bertauld, Revue
« critique, t. 8, p. 556), *que le juge de l'action soit le*
« *juge de l'exception, alors que cette exception est en*
« *dehors de sa compétence* ratione materiæ; *ce que*
« *l'on prétend seulement, c'est qu'il peut devenir com« pétent pour juger cette exception, quand elle est un*
« *élément nécessaire du jugement qu'il est appelé à*
« *rendre sur l'action dont il est saisi.* »

Comment M. Faustin-Hélie avait-il pu écrire qu'il n'y avait que deux théories, la théorie que la compétence incidente n'est pas plus large que la compétence principale, et la théorie qui affranchit la compétence incidente des règles de la compétence à raison de la matière, lui qui formule un troisième système, à savoir : le système que le juge répressif n'est pas incompétent à raison de la matière pour résoudre les questions de Droit civil, dont le jugement de l'action publique rend l'examen nécessaire? Comment a-t-il pu me ranger au nombre de ceux qui sacrifient les principes d'ordre public sur l'incompétence *ratione materiæ*, au besoin d'étendre la compétence incidente du juge répressif, lorsqu'il reconnaît ensuite, en m'attribuant l'honneur de cette remarque, que le rejet de la théorie de MM. de Molènes et Dorlencourt n'implique aucune atteinte à la séparation du pouvoir judiciaire et du pouvoir administratif?

Ceci dit, et j'ai dû le dire, parce que les termes plus ou moins exacts dans lesquels une question est formulée exercent toujours de l'influence sur sa solution, je constate, et je constate avec bonheur, la similitude qui existe entre la conclusion de M. Faustin-Hélie et la mienne.

La compétence du juge répressif, pour statuer sur les questions de Droit civil, auxquelles le sort de l'action publique ou l'étendue de la peine sont subordonnés, M. Faustin-Hélie, bien loin de la contester, la proclame; seulement il la fonde, non sur l'art. 3 du Code d'instruction criminelle, mais *sur la nature des pouvoirs de chaque juridiction et sur le système général de notre législation, qui cherche, dans toutes ses dispositions, à prévenir la multiplicité et les involutions de procédure.*

Ainsi, M. Faustin-Hélie invoque à l'appui de la compétence du juge répressif, non pas une disposition spéciale de loi, mais l'ensemble des dispositions de nos lois : rien de mieux. Seulement il ajoute que, si la compétence théorique dont il s'agit est incontestable, elle n'est point absolue :

« *La juridiction répressive peut connaître de toutes*
« *les exceptions qui trouvent devant elle les condi-*
« *tions nécessaires à leur examen ; elle ne peut*
« *connaître de celles dont l'appréciation exige des*
« *conditions spéciales qu'el'e ne possède pas.* » (Revue critique, p. 202.)

Mais quelles sont les exceptions qui trouvent devant le juge répressif les conditions nécessaires à leur examen ? Quelles sont celles, au contraire, dont l'appréciation exigerait des conditions spéciales que le juge répressif ne possède pas ?

M. Faustin-Hélie répond : « La compétence du juge
« criminel expire toutes les fois que l'exception exige,
« pour être appréciée, des conditions d'aptitude qu'il
« n'a pas ; toutes les fois que la procédure pénale
« ne permet pas son examen. »

Encore une fois, quel est le *criterium* ?

Cette théorie, en tant que théorie, et indépendamment de ses applications, jette-t-elle beaucoup de jour sur la difficulté ?

M. Faustin-Hélie cite trois hypothèses dans lesquelles la juridiction répressive doit s'arrêter devant l'exception :

1° Il cite l'hypothèse prévue par l'art. 182 et par l'art. 59 de la loi du 15 avril 1829, c'est-à-dire, l'hypothèse d'une exception soulevant une question de droit réel immobilier, et il déclare que cette exception appartient aux tribunaux civils, ne fût-on pas en matière forestière ou fluviale. (Voir en ce sens Mangin, n°ˢ 200 et 225 ; — Le Sellyer, n°ˢ 1487 et 1500 ; — voir nos *Questions préjudicielles*, n°ˢ 61, 62, 63, 64, 65, 66, p. 79 à 85.)

2° M. Faustin-Hélie cite les hypothèses dans lesquelles la loi a parlé comme dans le cas de l'art. 88 de la loi du 5 ventôse an XII, de l'art. 10 de la loi du 18 juillet 1828, des art. 1ᵉʳ et 2 de la loi du 2 vendémiaire an VIII, et de l'art. 56 de la loi du 6 frimaire an VII. (Voir en ce sens, dans les cas où la loi a parlé, Mangin, n° 226, et nos *Questions préjudicielles*, p. 7, des Observations préliminaires.)

3° Enfin M. Faustin-Hélie cite l'hypothèse où l'exception suppose l'examen ou l'appréciation d'un fait ou d'un acte administratif. (Voir en ce sens Mangin, n° 78 ; Le Sellyer, n° 1494, nos *Questions préjudicielles*, p. 4 de l'Introduction et p. 73 et 74, n° 55).

Jusqu'ici M. Faustin-Hélie et moi nous sommes parfaitement d'accord.

Mais M. Faustin-Hélie poursuit, p. 205, « ces trois « hypothèses, ainsi reconnues : faut-il les considérer « comme des exceptions au principe de la compé- « tence générale des tribunaux répressifs ? Faut-il « déclarer qu'en dehors de ces cas, ces tribunaux « peuvent connaître de toutes les autres exceptions « qui se présentent accessoirement aux actions prin- « cipales dont ils sont saisis ? »

D'abord, M. Faustin-Hélie se demande si le juge répressif est compétent, quand l'exception est fondée

sur un droit de propriété mobilière. Il résout la question affirmativement, p. 205 et 206. C'est la solution
que nous avions adoptée : *Questions préjudicielles*,
n° 68, p. 88.

M. Faustin-Hélie examine, ensuite, le point de
savoir si le juge répressif peut apprécier les questions
d'existence et de validité des contrats relatifs à des
choses mobilières ? Il établit très-bien que, lorsque le
délit est inséparable du contrat et se confond avec lui,
comme lorsqu'il s'agit d'abus de dépôt, d'abus de
mandat, d'escroquerie, de détournements prévus par
l'art. 408 du Code pénal, d'habitude de prêts usuraires,
on ne saurait subordonner la poursuite à l'appréciation
préalable du contrat par les tribunaux civils. « Dans
« ces sortes de délits, comme il le dit très-bien, l'exis-
« tence de la convention est l'un des éléments, l'une
« des parties du délit. Comment admettre que la
« juridiction compétente pour prononcer sur le délit,
« ne le serait pas pour connaître de tous les faits qui
« le constituent ? »

M. Faustin-Hélie va plus loin; il reconnaît la compétence du juge répressif, pour statuer sur l'existence
du contrat, alors même que le délit porte sur des faits
extrinsèques et postérieurs à ce contrat. « En matière
« de violation de dépôt, dit-il, est-ce que le fait du
« dépôt et le fait de sa violation sont tellement dis-
« tincts, qu'ils puissent être établis par des procédures
« diverses ? »

Sur tous ces points M. Faustin-Hélie confirme les
idées que nous avions nous-même exprimées : *Ques-*

tions préjudicielles. n° 69, p. 89, et qui avaient été développées, bien antérieurement, par M. Mangin, n°ˢ 170, 171 et 172, et par M. Le Sellyer, n°ˢ 1478 et 1479.

Nous voulons seulement reproduire quelques observations de M. Mangin, qui ont beaucoup de parenté avec celles, d'ailleurs fort judicieuses, de M. Faustin-Hélie.

« Lorsque le contrat civil et le délit dont il est « l'élément, dit M. Mangin, forment des actes dis-« tincts, dont l'un a été préexistant à l'autre, la « question préjudicielle de l'existence de ce contrat, « ou de son exécution, ou de son interprétation reste « encore dans le domaine du juge criminel ; car com-« ment juger, par exemple, qu'un dépôt a été violé, « que des marchandises confiées ont été détournées, « qu'un titre a été supprimé ou détruit ; comment « apprécier la moralité de pareils faits sans juger en « même temps qu'un dépôt, qu'un mandat, que des « titres ont existé, dans quelles circonstances, dans « quelles conditions ? La compétence sur le délit, ob-« jet de l'action principale, entraîne nécessairement « compétence sur le contrat dont la dénégation n'est « qu'une exception à cette action. » (*Action publique,* n° 170. Voir aussi les n°ˢ 171 et 172.)

Sous ce rapport encore, les aperçus apportés par M. Faustin-Hélie dans le débat, n'avaient pas échappé à ses devanciers.

Mais voici ce que notre médiateur ajoute : « Lorsque « l'appréciation de la convention n'est point une con-

« dition de la poursuite, lorsque le contrat n'est pas
« un élément du délit, la juridiction répressive ne peut
‹ en connaître. Ainsi, des individus poursuivis pour
« mise en vente de denrées nuisibles à la santé, appel-
« lent en garantie celui qui leur a vendu ces denrées ;
« ou bien un prévenu de contrefaçon prétend mettre
« en cause l'auteur des instruments saisis, est-ce que
« le tribunal correctionnel est compétent pour ad-
« mettre l'action en garantie ou l'intervention du con-
« trefacteur ? Nullement, car ce sont là des actions ci-
« viles qui ne peuvent être portées que devant les
« tribunaux civils (p. 207). »

Qui a pu jamais contester de pareilles vérités ? Ce
n'est certainement ni M. Mangin, ni M. Le Sellyer,
ni moi. Il ne s'agit pas d'exceptions exclusives de l'infraction : *En crime*, dit Loysel, *n'y a point de garant*
(liv. 6, *De crimes et gages de batailles*, tit. 1er .p. 9).
En quoi cela contrarie-t-il ou limite-t-il la théorie que
j'ai ainsi formulée : « Les juridictions répressives peu-
« vent, en général, vérifier l'existence de tous les élé-
« ments constitutifs des infractions qui leur sont dé-
« férées, et même l'existence des conditions dont
« l'accomplissement est nécessaire pour l'application
« du châtiment, bien que ces conditions soient dis-
« tinctes de l'infraction et ne la constituent pas
« (*Questions préjudicielles*, n° 55). »

Au reste, ma formule ne diffère guère de celle que
M. Faustin-Hélie vient d'adopter : « Le tribunal cor-
« rectionnel ne peut être saisi que de la connaissance
« des actes qui sont inséparables des délits, soit qu'ils

« en soient une partie intrinsèque, soit qu'ils en soient
« une condition (p. 207). »

Je ne puis encore qu'acquiescer à cette déclaration
de principes, et je suis à attendre l'expression des
dissidences qui ont motivé l'intervention de l'éminent
criminaliste.

Malheureusement, l'article dont je viens de pré-
senter l'analyse fidèle touche à sa fin , et le savant
auteur nous dit :

« Nous pourrions pousser plus loin nos distinctions ;
« nous pourrions énumérer tous les faits civils qu'il
« est permis à la juridiction répressive d'examiner et
« d'apprécier dans certaines limites et en vue de la
« criminalité qu'elle déclare ; il en est quelques-uns,
« tels que la déchéance des brevets d'invention, sur
« laquelle la jurisprudence a quelque temps hésité à
« reconnaître le droit des tribunaux criminels, et le
« fait de l'état de faillite d'un commerçant, dont la
« belle et puissante dissertation de MM. Delamare et
« Le Poitevin, a revendiqué l'attribution exclusive au
« juge civil, qui pourraient donner lieu à de longues
« observations. Il en est d'autres, tels que l'exception
« tirée de l'interdiction du mari en matière d'adul-
» tère, celle tirée de la vérification des faits en ma-
« tière de dénonciation, celle tirée de la vérification de
« la comptabilité en matière de détournement de de-
« niers, qui ne peuvent, à aucun titre, appartenir à la
« juridiction répressive. »

Il est très à regretter que l'habile criminaliste n'ait
pas poussé plus loin les distinctions, puisque, suivant

toute vraisemblance, il aurait fini par jeter sur cette matière le jour qu'il a jeté sur tant d'autres ; il s'est arrêté trop tôt.

Cependant, des trois exemples qu'il cite de questions sur lesquelles le juge répressif n'a pas de compétence incidente, il en est deux qui n'appellent que très-peu d'observations :

1° On admet généralement que le tuteur du mari interdit ne peut porter une plainte valable à raison de l'adultère de la femme, et que l'interdiction postérieure à la plainte, œuvre du mari lui-même, la paralyse : *maritus thori violati solus vindex*. Dans son article, M. Hélie suppose sans doute que la femme dénoncée objecte l'état de démence de son mari, et propose la preuve de cette démence devant le juge répressif. Oui, bien évidemment, le tribunal correctionnel n'a aucune compétence pour prononcer l'interdiction du plaignant, présumé capable, tant que la présomption n'est pas démentie par le résultat d'une procédure spéciale. Mais, est-ce que la capacité civile du mari est un élément ou seulement une condition du délit de la femme ? C'est ainsi que dans le cas de l'art. 357 du Code pénal, bien que la nullité du mariage soit une condition de la condamnation du ravisseur qui a épousé la fille enlevée, comme cette nullité n'est ni un des éléments, ni une des conditions, soit de la culpabilité, soit de sa mesure, elle ne peut être prononcée que par les tribunaux civils.

2° L'exception tirée de la vérification de la comptabilité en matière de détournement de deniers par un dépositaire public, est en dehors de la compétence du juge répressif. Oui; nous en avons indiqué la raison ailleurs : « Le juge répressif est investi à titre d'acces- « soire, avons-nous dit, de la juridiction civile ; il « n'est et ne saurait être investi à titre d'accessoire de « la juridiction administrative. » (*Questions préjudi- cielles*, n° 70 ; — Cassation, 24 septembre 1846, De- vil. et Car., 46-1-657).

3° Le juge correctionnel, saisi d'un délit de dénon- ciation calomnieuse, est incompétent pour statuer sur l'exception déduite de la vérité des faits dénoncés.

Mais d'abord, cette solution est étrangère à la ques- tion de compétence du juge répressif sur les difficultés de droit civil que l'action publique soulève. En second lieu, elle semblait imposée par la combinaison de l'art. 373 du Code pénal, avec l'art. 372 du même Code aujourd'hui abrogé ; le sursis, au moins lorsque les faits dénoncés étaient punissables selon la loi, était prescrit ; la question est encore, en partie au moins, ré- solue par l'art. 25 de la loi du 17 mai 1819 : « Lorsque « les faits imputés seront punisables selon la loi, et « qu'il y aura des poursuites commencées à la requête « du ministère public, ou que l'auteur de l'imputation « aura dénoncé ces faits, il sera, durant l'instruction, « sursis à la poursuite et au jugement du délit de « diffamation. »

La solution dont argumente M. Faustin-Hélie, ne contrarie pas, autant, au moins, qu'il semble le croire, la règle que le juge de l'action peut statuer sur l'excep- tion, quand cette exception est de sa compétence à raison de la matière :

1° Si la vérification du fait dénoncé entraîne, et c'est le cas le plus ordinaire, l'examen de questions administratives, comment, sans immoler le principe de la séparation des pouvoirs, le juge correctionnel statuerait-il sur le point de savoir si la dénonciation est, ou n'est pas calomnieuse ?

2° Le fait dénoncé, constitue un crime : le tribunal correctionnel est incompétent, à raison de la matière, pour vérifier l'existence du crime dont la connaissance appartient à la Cour d'assises.

3° Le fait dénoncé est un délit : pourquoi le tribunal correctionnel ne vérifie-t-il pas l'exactitude de l'imputation ? D'abord, si le délit est imputé à un fonctionnaire protégé par la garantie de l'art. 75 de la constitution de l'an VIII, il y a un obstacle à la vérification, sans condition, de l'autorité judiciaire.

En second lieu, s'il s'agit d'un délit imputé à des fonctionnaires compris dans les art. 479, 481, 483 du Code d'instruction criminelle, la compétence et une compétence d'ordre public est dévolue à la Cour impériale.

Mais le délit peut être imputé à un particulier. Oui, mais le dénonciateur n'a pas qualité pour mettre en mouvement l'action publique. Le ministère public et la partie lésée peuvent seuls saisir le juge correctionnel. Vainement objecterait-on, que le dénonciateur ne demanderait à faire juger la vérité de sa dénonciation, que pour s'abriter contre la peine, et nullement pour faire appliquer une peine au dénoncé.

L'objection, justement, prouve la nécessité du

sursis : la loi n'a pas voulu exposer la question d'existence ou de non existence du délit à deux solutions contradictoires.

Si les faits dénoncés existent avec le caractère qui leur a été attribué par le dénonciateur, le dénoncé sera poursuivi et puni. Et s'il est jugé au profit du dénoncé, qu'ils n'existent pas ou n'ont pas le caractère que la dénonciation leur a imprimé, il ne restera, au dénonciateur d'autre ressource que celle d'invoquer sa bonne foi devant le juge du délit qui lui est reproché.

Voilà, si nous ne nous trompons, l'explication de la solution qui nous est opposée; elle concilie cette solution avec notre théorie.

M. Hélie n'a pas même essayé de réfuter la théorie, d'après laquelle le juge répressif est juge de toutes les exceptions civiles, qui sont exclusives de la culpabilité ou qui en changent la mesure, toutes les fois que ces exceptions sont de la compétence de l'autorité judiciaire, et qu'elles ne sont pas l'objet de dispositions spéciales et dérogatoires de la loi.

Mais, s'il n'existe pas entre M. Hélie et moi de dissidence sur les solutions, il y a un véritable désaccord sur la formule de la théorie.

Voici la nouvelle formule proposée comme expression de la doctrine transactionnelle. « Il faut dire que
« le juge peut statuer sur les exceptions que les formes
« de sa juridiction lui permettent d'examiner, et qu'il
« devient incompétent toutes les fois que son inter-
« vention enlèverait, aux droits sur lesquels ces ex-
« ceptions sont fondées, les garanties nécessaires à

« leur appréciation. » C'est là une formule singulièrement vague et d'une bien incommode élasticité. A
quels signes reconnaît-on les exceptions que les formes
des juridictions criminelles leur permettent d'examiner? Par quels caractères s'annoncent les exceptions
dont l'appréciation réclame des garanties plus amples
que les garanties résultant des formes de la justice
répressive? Cette formule de M. Faustin-Hélie n'ac-
cuse-t-elle pas l'absence de tout *criterium* qui puisse
nous éclairer sur l'application de la règle : *le juge de
l'action est le juge de l'exception.*

M. Faustin-Hélie a donné quelquefois à la règle
dont j'ai voulu déterminer les limites, une portée que
je n'oserais, pour mon compte, lui attribuer. Ainsi,
dans son beau *Traité de l'instruction criminelle*,
t. 3, p. 439, il donne toujours et sans condition à
l'autorité judiciaire, lorsque l'art. 75 de la Constitution du 22 frimaire, an VIII, est invoqué devant elle,
le pouvoir de statuer sur les points de savoir si l'inculpé est ou n'est pas l'agent du Gouvernement, si
l'acte incriminé est étranger ou relatif à la fonction.
« S'il n'appartient, dit-il, qu'à l'autorité administra-
« tive de statuer sur l'exception elle-même, c'est-à-
« dire de décider s'il y a lieu d'accorder ou de re-
« fuser l'autorisation, *il n'appartient qu'à l'autorité*
« *judiciaire d'apprécier si l'exception existe réelle-*
« *ment, c'est-à-dire si l'inculpé est un agent du*
« *Gouvernement, et si le délit se rattache à l'exercice*
« *de ses fonctions,* car l'exception n'est pertinente,
« elle n'est admissible qu'à ces deux conditions, qui
« constituent la base du sursis. »

Cette théorie qui est celle de M. Mangin, n° 268, *De l'action publique* ; de M. Le Sellyer, t. 3, n° 857 ; de MM. Dalloz, *Répertoire*, v° *mise en jugement des fonctionnaires*, n° 177 ; de M. Achille Morin, *Répertoire*, v° *Agents du Gouvernement*, n° 17, n'est-elle pas trop générale ? sans doute l'autorité judiciaire est très-compétente pour examiner si un agent est ou n'est pas de la classe de ceux que protégent l'art. 75. La solution de cette question de pur droit n'est pas subordonnée à l'interprétation d'actes ou de faits administratif. Sans doute encore, s'il est d'évidence que l'exception n'est pas sérieuse, soit parce qu'il est manifeste que celui qui l'élève n'est pas un agent administratif, soit parce qu'il est hors de doute que l'acte poursuivi est étranger à la fonction, le tribunal doit refuser le sursis (art. 182, Code forestier). Mais s'élève-t-il, au contraire, une difficulté véritable sur les points de savoir si le défendeur à la poursuite a ou n'a pas la qualité dont il se prévaut, si le fait se rattache ou ne se rattache point à l'exercice des fonctions ? d'après nous, et telle est aussi la théorie de M. Trolley (*Hiérarchie administrative*, t. 5, p. 271, 272 et 273), le tribunal doit surseoir.

La Cour de cassation, dans un arrêt du 16 décembre 1856, a dit, il est vrai, sans faire de distinction : *que les juges saisis de l'action étant juges de l'exception*, il leur appartient, pour déterminer leur compétence, d'examiner si le fait est relatif aux fonctions de l'agent poursuivi (Dalloz, 57-1-35) ; mais l'arrêt ne saurait être séparé de l'espèce dans laquelle il a été rendu, et le fait n'avait aucun des caractères qui pussent engager la fonction (V. cassation 30 août 1833, 11 mars 1837. Devil. et Car., 34-1-63 ; 37-1-310 ; Foucart, *Éléments de Droit public et administratif*, t. 1er, n° 140).

Quoiqu'il en soit, cette discussion est de nature à bien établir que nous subordonnons l'application de notre règle à la condition que le juge de l'action ait compétence, à raison de la matière, sur l'exception.

J'en ai fini avec la tentative, d'ailleurs très-louable d'éclectisme et de conciliation, et il m'est impossible de ne pas dire qu'à mon sens elle n'a fait faire aucun pas à la controverse.

Pour clore ces observations, que je ne fais qu'en toute humilité et sans manquer aux conditions d'une profonde déférence, qu'il me soit permis de relever une proposition qui est de nature peut-être à causer quelque surprise :

« Il est de principe, que les jugements au criminel « n'ont point l'autorité de la chose jugée vis-à-vis des « tribunaux civils qui sont ultérieurement saisis de l'ac- « tion civile. » (*Revue critique*, *eodem loco*, p. 197).

Je sais bien que c'est là le principe qui a la foi de M. Hélie ; mais je sais en même temps que finalement, la Cour de cassation, sous la présidence de M. le premier Président Troplong et sur les conclusions de M. Nicias Gaillard a, le 7 mars 1855 (Devil. et Car., 55, 1, 439), proclamé un principe contraire.

Il y a, au moins, une grave controverse.

Nous avons traité, avec de grands développements,

cette question, et nous nous sommes inspiré de la théorie de la Cour de cassation (*Questions préjudicielles*, nᵒˢ 92 à 113, de la p. 115 à la p. 146) : M. Ortolan, p. 844 de ses *Éléments de droit pénal*, a adopté cette théorie.

« Quant à la décision pénale, nous partageons l'avis
« de ceux qui pensent que c'est là une décision ren-
« due, non pas d'une manière relative par rapport
« à tel ou tel individu, mais d'une manière générale
« par rapport à tous ; que les tribunaux de répression
« procédant, avec les formes et les garanties particu-
« lières, aux procès criminels, sont les seuls compé-
« tents pour rendre de telles décisions ; que lorsqu'ils
« ont condamné une personne comme coupable, la
« peine que le condamné va subir, les incapacités
« dont il se trouve frappé, sont bien des réalités pro-
« duisant leurs effets à l'égard de tous ; que lorsqu'au
« contraire, ils ont déclaré une personne non cou-
« pable, nulle autorité n'est plus compétente pour
« dire qu'elle le soit ; d'où il suit que les tribunaux
« civils doivent prendre ces faits comme constants,
« et que, maîtres d'apprécier en elle-même la question
« des dommages-intérêts, ils ne peuvent pas le faire en
« se posant en contradicteurs du juge pénal, relative-
« ment à la décision sur la pénalité. »

N'eût-il pas été désirable que M. Faustin-Hélie, jus-tement à raison de l'élévation de sa position scienti-fique et judiciaire, combattît un arrêt de cette impor-tance, une solution à laquelle se rallie un jurisconsulte qui, lui aussi, par son talent comme par sa haute position dans l'enseignement, prétend très-légitimement à une grande part d'autorité ?

Une controverse entre M. Faustin-Hélie et M. Ortolan, quelle bonne fortune pour la science ! Oui, la science gagnerait singulièrement à ce que les opinions contraires s'abordassent franchement et sans autres ménagements que ceux qui sont dus aux personnes.

La dignité commande-t-elle donc de s'isoler, de ne pas tenir compte des dissidences, des contradictions sérieuses, fussent-elles obscures ?

Une polémique polie et loyale n'amoindrit ni ceux qui s'y livrent, ni ceux qui en sont l'objet. Elle profite toujours à la cause de la vérité. M. Merlin a dit, et M. Marcadé ne l'avait pas oublié : « La science du « Droit consiste autant dans la réfutation des faux « principes que dans la connaissance des véritables. »

TABLE DES MATIÈRES.

diction légale, comme peines accessoires des peines perpétuelles, doivent-elles être approuvées?

2ᵉ *Question.* — Les institutions contractuelles, faites avant la condamnation par l'agent condamné à une peine perpétuelle, ou faites avant la même époque à son profit, tombent-elles sous l'application de l'art. 3 de la loi des 2-31 mai 1854?

3ᵉ *Question.* — L'incapacité de transmettre par donation ou par testament et l'incapacité de recevoir, à ce titre, si ce n'est pour cause d'aliments, encourue par le contumax, cinq ans après l'exécution, par effigie, de la condamnation à une peine perpétuelle, sont-elles subordonnées à la condition que le condamné ne meure pas ou ne comparaisse pas dans les vingt ans?

4ᵉ *Question.* — La loi des 2-31 mai 1854, abolitive de la mort civile, jette-t-elle quelque jour sur les véritables conséquences de l'interdiction légale?   Pages 22 à 45

Art. 4.

1ʳᵉ *Question.* — Le droit conféré au Gouvernement de relever le condamné à une peine afflictive perpétuelle, de l'incapacité de transmettre ou de recevoir, sinon pour cause d'aliments, en vertu de donations et de testaments, et d'accorder au condamné, dans le lieu d'exécution de la peine, l'exercice des droits ou de quelques-uns des droits dont il a été privé par son interdiction légale, se confond-il avec le droit de grâce ou de commutation qui appartient à l'Empereur?

2ᵉ *Question.* — La restitution de la capacité rétroagit-elle?

3ᵉ *Question.* — Rend-elle la vie au testament du condamné antérieur à sa condamnation?

4ᵉ *Question.* — La capacité n'est-elle restituée par le Gouverne-

ÉTUDES SUR LA COMPÉTENCE EN MATIÈRE D'EXCEPTIONS.

227.—Caen, typ. B. de Laporte.

OUVRAGES DU MÊME AUTEUR.

Cours de code pénal, explication théorique et pratique des dispositions
préliminaires et des deux premiers livres du Code pénal. . . . 7 fr.

Leçons de législation criminelle : amnistie, grâce, réhabilitation, prescription de l'action publique, prescription de la peine, abolition de la mort
civile, nouvelles peines attachées à la peine des travaux forcés.   3 fr. 50 c.

Questions et exceptions préjudicielles en matière criminelle, ou de la
compétence et de l'autorité des décisions du juge répressif sur les
questions de droit civil que l'action publique soulève. . . . . . 4 fr.

De l'hypothèque légale des femmes mariées sur les conquêts de la com-
munauté. 3 fr.

De la subrogation à l'hypothèque légale des femmes mariées . (épuisé).

Sous presse :

SOUVENIRS DE L'INSURRECTION NORMANDE

DITE DU FÉDÉRALISME, EN 1793,

Œuvre posthume de M. Frédéric Vaultier,

*Ancien doyen de la Faculté des lettres de Caen, et auteur de
plusieurs travaux historiques estimés :*

ANNOTÉS ET ACCOMPAGNÉS DE CURIEUX DOCUMENTS INÉDITS

Par M. Georges Mancel,

Conservateur de la bibliothèque de Caen.

Nota.—Ces mémoires authentiques dans lesquels sont cités les noms de
beaucoup de familles du pays, éclairciront un épisode peu connu et mal
apprécié de l'histoire de Normandie.—A vingt-deux ans l'auteur était se-
crétaire de la section de la place de la Liberté à Caen : ce fut lui qui pré-
senta et lut la proclamation d'appel à l'Insurrection, dont le but était de
renverser la Convention pour rétablir la Gironde.—M. Vaultier a fait partie
de l'expédition et connu à l'hôtel de l'Intendance les Girondins réfugiés,
Barbaroux, Buzot, Guadet, Gorsas, Louvet, etc. Charlotte de Corday et le
général de Wimpffen, sur lesquels il donne son appréciation personnelle ;
son témoignage sera donc d'un grand poids historique.

CAEN, TYP. B. DE LAPORTE.

www.ingramcontent.com/pod-product-compliance
Ingram Content Group UK Ltd.
Pitfield, Milton Keynes, MK11 3LW, UK
UKHW031841170726
13836UKWH00004B/1813